ENGLISH network

Grammar

Sonia Brough
Vincent J. Docherty
mit
Simon Anderson
und Gaby Waxenberger

Langenscheidt

Berlin · München · Wien · Zürich · New York

English Network Grammar

Autoren:
Dr. Sonia Brough
Dr. Vincent J. Docherty

sowie
Simon Anderson
und Dr. Gaby Waxenberger

Redaktion:
Michael Friedrichs (Wißner Verlag)

Cartoons:
aus „*Punch*"

Grafik und Layout:
Bettina Lindenberg

Umschlag:
Jürgen Bartz

Desktop-Publishing:
Satz + Litho Sporer KG

Der Innenteil dieses Buches wurde auf chlorfrei gebleichtem Papier gedruckt.

1. Auflage 1997

Druck: Landesverlag-Denkmayr Druck & Medien, Linz
Printed in Austria ISBN 3-526-50412-1
www.langenscheidt.de/englishnetwork

6 7 8 9 / 07 06 05

Inhaltsverzeichnis

Abkürzungen:

AE	amerikanisches Englisch
BE	britisches Englisch
etw.	etwas
jmdm.	jemandem
jmdn.	jemanden
Pl.	Plural, Mehrzahl
S. ... ff.	Seite ... und weiter
s.o.	someone
s.th.	something
Sg.	Singular, Einzahl
umgs.	umgangssprachlich
vgl.	vergleiche
›	Hinweis, Erläuterung
▬	neuer Gliederungspunkt

1 Das Verb

1.1 Die Gegenwart: einfache Form und *-ing*-Form

1.1.1 Die Bildung der einfachen Gegenwart

Bei der einfachen Gegenwart weicht nur die 3. Person Singular (*er, sie, es, der Mann* usw.) von der Grundform des Verbs ab:

1. walk – he walks
2. live – she lives
3. arrive – it arrives
4. eat – it eats

In der 3. Person Singular wird im Allgemeinen der Grundform des Verbs ein -s hinzugefügt (1–4).

Ausnahmen:

5. pass – he passes
6. wash – it washes
7. watch – he watches
8. box – he boxes

Bei Verben, die auf -s, -sh, -ch oder -x enden, bildet man die 3. Person Singular durch Anhängen von -es an die Grundform (5–8).

9. fly – she flies
10. try – he tries

Verben, die auf einen Konsonanten (Mitlaut wie z. B. l, n, r, t) + -y enden, bilden die 3. Person Singular auf -ies (9, 10).

Bei den Vokalen (Selbstlauten) a, e, o, u + -y bleibt das -y stehen:

11. play – she plays
12. buy – he buys

Beachten Sie auch:

13. go – he goes
14. do – she does
15. have – it has
16. be – I am
you are
he, she, it is
we, they are

Auch der Plural der Substantive wird im Englischen durch Anhängen von -s gebildet, und die drei Grundregeln oben gelten auch dort (vgl. Kapitel 3.1).

1.1.2 Die Bildung der *-ing*-Form

Die *-ing*-Form erfüllt mehrere Funktionen im Englischen. Sie wird folgendermaßen gebildet:

1. talk – talking
2. ask – asking

Die -ing-Form wird gebildet aus der Grundform des Verbs + -ing (1, 2).

Ausnahmen:

3. write – writing
4. come – coming

Ein nicht gesprochenes -e am Ende des Verbs entfällt (3, 4).

5. swim – swimming
6. win – winning
7. put – putting
8. tip – tipping

Ein einfacher Konsonant (b, d, g usw.) nach kurzem betontem Vokal (a, e, i, o, u) wird verdoppelt (5 – 8).

9. listen – listening
10. enter – entering

Ist der Endvokal nicht betont, bleibt der Konsonant einfach (9, 10).

11. tie – tying
12. die – dying

-ie wird zu -ying (11,12).

13. prefer – preferring

Ein -r am Ende nach einem betonten, einfachen Vokal *wird verdoppelt (13).*

14. label – labelling
15. travel – travelling

Ein -l am Ende nach einem einfachen Vokal *wird verdoppelt (14,15)*[1].

16. panic – panicking
17. picnic – picnicking

Einem -c am Ende wird ein -k- hinzugefügt (16, 17).

1.1.3 Die Bildung der *-ing*-Form der Gegenwart

1. Lucy is working. — Lucy arbeitet.
2. I'm trying! — Ich versuch's ja!
3. They're coming. — Sie kommen.

Die -ing-Form der Gegenwart wird gebildet aus am / are / is *(bzw. den Kurzformen* 'm / 're / 's*)* + *-ing-Form (1–3).*

1.1.4 Der Gebrauch der Gegenwartsformen

Sehen Sie sich folgende zwei Beispielsätze an:

1. I'm having a break. — Ich mach' gerade Pause.
2. I have a break at this time every morning. — Ich mache jeden Morgen um diese Zeit Pause.

[1] Im Amerikanischen wird das -l generell nicht verdoppelt (AE *traveling, labeling*), es sei denn, die Endsilbe des Grundverbs ist *betont:* AE und BE *controlling*.

Im ersten Beispiel steht das Verb in der *-ing*-Form, im zweiten Satz in der einfachen Gegenwart. Obwohl es in beiden Fällen – zumindest scheinbar – um dieselbe Handlung geht, sind die Verbformen unterschiedlich. Warum?
Im ersten Satz haben wir es mit einer Handlung zu tun, die zum Zeitpunkt des Sprechens *gerade im Gange* ist. Dies erfordert im Englischen die *-ing*-Form (im Deutschen gelegentlich auch uneingeschränkt Verlaufsform genannt), um – und darauf deutet diese Bezeichnung schon hin – auszudrücken, dass etwas gerade „verläuft“, oder abläuft, wie im Film.

Die -ing-Form der Gegenwart verwendet man für Vorgänge oder Handlungen, die zu einem bestimmten Zeitpunkt in der Gegenwart gerade ablaufen (1).

! Stellen Sie sich vor, es ist jemand mit der Videokamera dabei, um den Handlungsablauf auf Film einzufangen.

Im zweiten Beispielsatz deutet der Ausdruck *every morning* darauf hin, dass es sich um einen *regelmäßig wiederkehrenden* Vorgang handelt, der im Englischen die einfache Gegenwart verlangt.

Die einfache Gegenwart beschreibt Handlungen, die wiederholt, regelmäßig, gewohnheitsmäßig *oder* traditionsgemäß *wiederkehren (2).*

Ein paar weitere Beispiele machen diesen Gebrauch der einfachen Gegenwart noch deutlicher:

3. Some people say I talk too much.	Manche Leute behaupten, ich rede zu viel.
4. I don’t think you eat enough meat.	Ich glaub’, du isst nicht genug Fleisch.

Noch einmal beide Formen im Vergleich:

5. – “Daddy’s crying.”	– „Papi weint.“
6. – “Daddy always cries when he has to peel the onions.”	– „Papi weint immer, wenn er Zwiebeln schälen muss.“

Hier stellt der Junge fest, dass seinem Vater gerade die Tränen über die Wangen laufen (Beispiel 5). Die Mutter weiß aber, dass ihm *jedes Mal* die Tränen kommen, wenn er Zwiebeln schält (Beispiel 6). In ihrer Aussage handelt es sich um eine *wiederkehrende* Handlung.

Kurz zusammengefasst:
- *Handlung läuft gerade ab: -ing-Form in der Gegenwart (1, 5)*
- *regelmäßig wiederkehrende Handlung: einfache Gegenwart (2–4, 6)*

Nun zu einer weiteren Verwendung der einfachen Gegenwart:

7. – “My brother works for Lloyds.”	– „Mein Bruder arbeitet bei Lloyds.“
– “What does he do?”	– „Und was macht er da?“
– “He cleans windows.”	– „Er ist Fensterputzer.“
8. – “Do you have any hobbies?”	– „Haben Sie irgendwelche Hobbys?“
– “Yes, I collect meteorites.”	– „Ja, ich sammle Meteoriten.“

Die einfache Gegenwart wird auch bei Berufen sowie dauerhaften Beschäftigungen, Aufgaben, Funktionen *usw. verwendet (7, 8).*

Die „Unveränderlichkeit" bestimmter Zustände ist auch bei einer weiteren wichtigen Anwendung der einfachen Gegenwart ausschlaggebend:

9. Water expands when it freezes.	Wasser dehnt sich aus, wenn es gefriert.
10. The Danube flows from the Black Forest to the Black Sea, and I must say it looks very black sometimes.	Die Donau fließt vom Schwarzwald zum Schwarzen Meer, und ich muss schon sagen, dass sie manchmal sehr schwarz aussieht.

Die einfache Gegenwart wird verwendet, um allgemeine Tatsachen und Wahrheiten, zeitlose Tatbestände *sowie* natürliche Gesetzmäßigkeiten *zu beschreiben (9,10).*

Kommen wir zurück auf die *-ing*-Form der Gegenwart. Sie ist nämlich nicht nur auf Handlungen beschränkt, die *gerade in diesem Moment* ablaufen, sondern beschreibt auch solche, die sich über längere Zeiträume erstrecken.

11. And is he still making furniture from bonsai trees?

Und macht er immer noch Möbel aus Bonsai-Bäumen?

Im Cartoon sieht man der Einrichtung des Zimmers an, dass der Ehemann das Hobby mit den japanischen Zwergbäumen nicht erst seit gestern betreibt. Die *-ing*-Form der Gegenwart (*is he ... making*) sagt jedoch keineswegs aus, dass der Hobbybastler jetzt auch gerade dabei ist, ein weiteres Meisterstück herzustellen. Die *-ing*-Form deutet vielmehr darauf hin, dass wir es mit einer *längerfristigen Handlung* bzw. *Beschäftigung* zu tun haben, die *noch nicht abgeschlossen* ist. Sie hat irgendwann begonnen, und ihr Ende ist offen. Für uns ist aber nur von Interesse, dass sie zum Zeitpunkt der Frage *noch aktuell* ist oder *verläuft.*

Ein weiteres Beispiel soll dies verdeutlichen:

12. My sister is working as a go-go dancer to help finance her studies.	Meine Schwester jobbt als Go-Go-Girl, um ihr Studium zu finanzieren.

Die – sagen wir – angehende Kernphysikerin möchte natürlich nicht den Rest ihres Lebens in einer Nachtbar zubringen. Wir haben es also mit einer Tätigkeit zu tun, die vielleicht einige Monate in Anspruch nehmen wird. Die Dauer der Beschäftigung ist jedoch nicht entscheidend, sondern einzig und allein die Tatsache, dass sie als noch nicht abgeschlossen, aber auch als vorübergehend, nicht „permanent", angesehen wird.

Die -ing-Form der Gegenwart bezeichnet auch nicht abgeschlossene Handlungen und Beschäftigungen, *die sich über einen* längeren Zeitraum *erstrecken (Tage, Wochen, Jahre) (11, 12).*

! Wenn man im Deutschen „zur Zeit" hinzufügen kann, handelt es sich um eine nicht permanente Beschäftigung, und man verwendet im Englischen die *-ing*-Form der Gegenwart.

Kurz zusammengefasst:
- *kontinuierliche Handlung über einen begrenzten Zeitraum: -ing-Form der Gegenwart (11,12)*
- *„permanente" Beschäftigung, Funktion usw.: einfache Gegenwart (7)*

Einige Vorgänge dauern etwas länger:

13. You're losing more and more hair every day.	Du verlierst mit jedem Tag mehr Haare.
14. My English is getting better and better.	Mein Englisch wird immer besser.

Bei Vorgängen, die eine allmähliche Zustandsveränderung ausdrücken, verwendet man die -ing-Form der Gegenwart (13, 14).

1.1.5 *always*

Nun zu einer relativ spitzfindigen Unterscheidung, für die man als Nichtmuttersprachler erst sensibilisiert werden muss. Sehen Sie sich dazu die folgenden beiden Cartoons über Eheberatung an:

1. I always show appreciation when he's a good boy.

Ich zeig' mich immer erkenntlich, wenn er brav ist!

2. Ignore him, he's always trying to attract people's attention.

   Ignorieren Sie ihn einfach. Er versucht eben andauernd, sich in den Mittelpunkt zu stellen!

Im ersten Cartoon macht die Dame eine einfache Feststellung. Im zweiten Fall dagegen beschreibt die ratsuchende Ehefrau einen Vorgang, der sie immer wieder ärgert.

Das Wort always *(auch* constantly *und* forever*) drückt in Verbindung mit der* -ing-*Form der Gegenwart meistens eine gewisse* Verärgerung oder Ungeduld *seitens des Sprechers aus (2).*

Noch ein Beispiel macht das klar:

3. My mother always bakes a cake for us on Sundays. — Meine Mutter bäckt uns sonntags immer einen Kuchen.

   (einfache Feststellung ohne Wertung)

4. My mother is always baking cakes for us on Sundays. — Meine Mutter bäckt uns sonntags aber auch ständig Kuchen.

   (Verärgerung seitens des Sprechers)

Die Verlaufsform + *always* kann auch mit bestimmten Verben benutzt werden, die in der Regel dauerhafte Zustände beschreiben und bei denen man diese Form eigentlich nicht erwarten würde (Siehe 1.1.7).

5. He is always forgetting his keys. — Er vergisst ständig seine Schlüssel.

Die *-ing*-Form der Vergangenheit kann auch in Verbindung mit *always* benutzt werden. (Siehe 1.2.4)

1.1.6 Einfache Form und *-ing*-Form der Gegenwart im selben Satz

Bisher hatten wir es immer mit vereinzelt auftretenden Handlungen, Vorgängen usw. zu tun. Was ist aber, wenn zwei regelmäßig stattfindende Vorgänge o. ä. in Verbindung zueinander gesetzt werden?

1. The kids are usually fighting when I get up. — Die Kinder raufen meistens, wenn ich aufstehe.

Vorhin hieß es, dass regelmäßig wiederkehrende Handlungen in der einfachen Gegenwart stehen. Warum also hier unterschiedliche Gegenwartsformen in einem Satz?

Man sollte sich das so vorstellen, dass eine Handlung bereits „verläuft“ oder „abläuft“, und eine andere kommt dazu oder dazwischen. Graphisch läßt sich das etwa so darstellen:

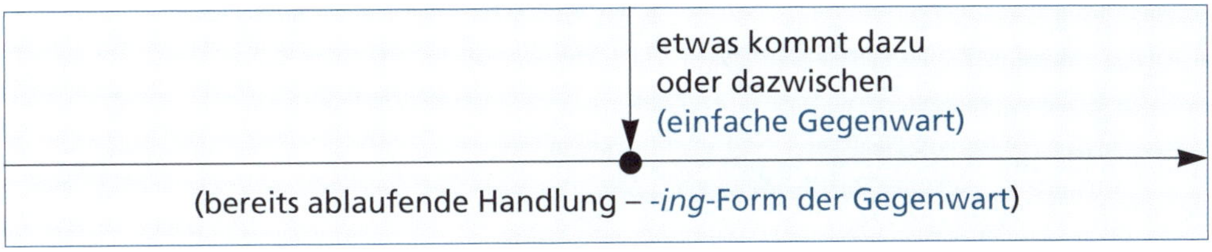

Dabei ist es völlig unerheblich, welcher Vorgang am Anfang des Satzes steht – ausschlaggebend ist nur, welcher Vorgang bereits *abläuft* (*-ing*-Form**!**), wenn der andere dazukommt:

2. I'm usually sleeping when my wife gets home from work.	Normalerweise schlafe ich schon, wenn meine Frau von der Arbeit nach Hause kommt.
3. Sometimes she wakes me up if I'm not sleeping too deeply.	Manchmal weckt sie mich auf, wenn ich nicht allzu fest schlafe.

1.1.7 Verben, die normalerweise nicht in der *-ing*-Form erscheinen

Es gibt eine Reihe von Verben, die relativ selten in der *-ing*-Form erscheinen, da sie keine Vorgänge als solche beschreiben, sondern eher „statische Zustände“. Dazu zählen unter anderem folgende:

believe	glauben	love	lieben
belong	gehören	mean	bedeuten
contain	enthalten	need	brauchen
cost	kosten	own	besitzen
exist	existieren	prefer	bevorzugen
feel	sich fühlen	remember	sich erinnern
forget	vergessen	see	sehen
hate	hassen	seem/appear	scheinen
hear	hören	sound	klingen
hope	hoffen	think	meinen
know	wissen	understand	verstehen
like	mögen	want	wollen
look	aussehen	wish	wünschen

it depends (whether)	es kommt darauf an (, ob)
they smell wonderful *usw.*	sie riechen phantastisch usw.
he sounds awful *usw.*	er klingt furchtbar usw.
this tastes unusual *usw.*	das schmeckt ungewöhnlich usw.

Erscheinen diese Verben in der *-ing*-Form, haben sie meistens eine andere Bedeutung als oben angegeben:

1. I'm seeing my bank manager this morning. — Ich habe heute vormittag einen Termin beim Filialleiter meiner Bank.
2. We're thinking of buying a baby alligator. — Wir spielen mit dem Gedanken, einen jungen Alligator zu kaufen.

Allerdings treten diese Verben gelegentlich auch in der *-ing*-Form in der oben angegebenen Bedeutung auf, insbesondere wenn *these days* (= heutzutage), *at the moment* (= zur Zeit) o. ä. im Satz steht:

3. He's not seeing too well these days. — Seine Augen sind nicht mehr das, was sie mal waren.

1.1.8 Die *-ing*-Form bei *to have* und *to be*

Auch bei zwei der wichtigsten Verben im Englischen ist der Gebrauch der *-ing*-Form der Gegenwart eingeschränkt:

1. Our neighbours have a lovely swimming pool. — Unsere Nachbarn haben einen wunderschönen Swimmingpool.
2. I can't come to the phone – I'm having a shower! — Ich kann jetzt nicht ans Telefon – ich bin unter der Dusche!

> *Das Verb* to have *ist in der* -ing-*Form nicht möglich, wenn damit Besitz ausgedrückt werden soll (1).*
> *In anderen Bedeutungen ist die* -ing-*Form durchaus zulässig (2).*

Nun zum Verb *to be:*

3. My false teeth are being repaired at the moment. — Meine dritten Zähne sind gerade zur Reparatur.
4. My boss is being very friendly at the moment – I wonder what he wants from me now! — Mein Chef ist zur Zeit sehr freundlich zu mir – ich frag' mich, was er jetzt schon wieder von mir will!

> *Das Verb* to be *kann nur in folgenden Fällen in der* -ing-*Form erscheinen:*
> - *im Passiv (3)*[1]
> - *in Verbindung mit einem Adjektiv, das eine bestimmte (meist ungewöhnliche) Verhaltensweise ausdrückt (4)*[2].

1.1.9 Die Gegenwartsformen mit Zukunftsbedeutung

Die beiden in diesem Kapitel behandelten Gegenwartsformen werden auch verwendet, um Zukünftiges auszudrücken – doch mehr darüber in Kapitel 1.5.

[1] Hier wird ausgedrückt, dass etwas gerade gemacht wird – vgl. Kapitel 1.6; [2] Hier ist das Verhalten des Chefs äußerst ungewöhnlich im Vergleich zu sonst – deswegen ist der Sprecher so misstrauisch!

1.2 Einfache Vergangenheit und *-ing*-Form der Vergangenheit

Das, was Sie im vorangegangenen Kapitel gelernt haben, kommt Ihnen nun beim aktuellen Thema zugute, denn auch in der Vergangenheit unterscheidet man im Englischen zwischen dem, was war, und dem, was „gerade ablief".

1.2.1 Die Bildung der einfachen Vergangenheit

1. walk – walked
2. ask – asked
3. play – played
4. rain – rained

Bei den regelmäßigen Verben wird -ed an die Grundform des Verbs angehängt (1 – 4).

Die Vergangenheitsformen der unregelmäßigen Verben muss man auswendig lernen: Im Anhang finden Sie deshalb eine Tabelle, in der Sie im Zweifelsfall nachschlagen können (S. 146–147).

Zurück aber zu den regelmäßigen Verben. Hier wäre noch Folgendes zu beachten:

5. stop – stopped
6. plan – planned
7. bet – betted
8. tip – tipped

Ein einfacher Konsonant (b, d, g usw.) nach kurzem Vokal *(a, e, i, o, u) wird verdoppelt (5–8).*

9. prefer – preferred

Ein einfacher Konsonant nach einem betonten einfachen Vokal *in einem zweisilbigen Wort wird verdoppelt (9).*

Wenn der einfache Konsonant jedoch nicht betont ist, sieht es folgendermaßen aus:

10. listen – listened
11. number – numbered
12. answer – answered
13. visit – visited

Aber:

14. travel – travelled
15. label – labelled

Ein einfacher Konsonant nach einem unbetonten einfachen Vokal *wird nicht verdoppelt (10 –13).*
Die Ausnahme ist ein einfaches -l, das im britischen Englisch verdoppelt wird (14, 15)[1].

Und schließlich:

16. try – tried
17. marry – married

Ein -y nach einem Konsonanten wird bei regelmäßigen Verben zu -ie- (16,17).

Dies gilt also nicht, wenn vor dem -y ein Vokal steht: vgl. *play – played, enjoy – enjoyed*.

[1] Im Amerikanischen wird das -l nicht verdoppelt (AE *traveled, labeled*). Wenn die Endsilbe aber betont ist, wird das -l auch im Amerikanischen verdoppelt: AE und BE *controlled*.

1.2.2 Der Gebrauch der einfachen Vergangenheit

1. Adam sometimes gave his theology teacher an apple. — Adam gab seinem Theologielehrer manchmal einen Apfel.
2. He always arrived at meetings at the last minute. — Er traf zu Sitzungen immer in letzter Minute ein.
3. My parents never went on holiday. — Meine Eltern sind nie in Urlaub gefahren.

> *Die einfache Vergangenheit bezeichnet Handlungen, die sich in der Vergangenheit* mehrmals *bzw.* regelmäßig *wiederholten (1–3).*

Nun zum Unterschied zwischen „damals" und „heute":

4. – "You used to call me from work every day." – „Früher hast du mich jeden Tag von der Arbeit aus angerufen."
   – "Well, I also used to work for Telecom." – „Früher hab' ich auch bei der Telecom gearbeitet!"

5. It replaces the six that used to come at once.

   Er ersetzt die sechs [Busse], die früher immer gleichzeitig gekommen sind![1]

> *Bei Sätzen in der Vergangenheit, in denen der Gegensatz zwischen „früher" und „jetzt" betont wird, verwendet man die Konstruktion used to + Infinitiv (4, 5).*

Übrigens: Der von Deutschsprachigen bevorzugte Ausdruck *in former times* kommt nur sehr selten als Übersetzung von „früher" infrage und bedeutet eher „in früheren Zeiten", „vor vielen, vielen Jahren".

Zurück zur einfachen Vergangenheit: Sie wird auch in Sätzen wie den folgenden verwendet:

6. Last month he fell over a policeman in the city centre. — Letzten Monat ist er über einen Polizisten in der Stadtmitte gestolpert.

[1] Der Witz spielt auf die notorische Nichteinhaltung des Fahrplans bei den englischen Bussen an. Oft kommt eine halbe Stunde lang gar keiner, dann kommen aber vier oder fünf unmittelbar nacheinander.

7. Now I want a clear answer – that didn't get there by itself.

Jetzt will ich aber eine klare Antwort – das ist nicht von alleine dahin gekommen!

8. She got malaria after her trip to Borneo.

Nach ihrer Reise nach Borneo erkrankte sie an Malaria.

Die einfache Vergangenheit wird auch für Einzelhandlungen verwendet, die in der Vergangenheit abgeschlossen wurden (6–8).

! Oft erscheint im Satz entweder eine präzise Zeitangabe (wie *last month*) oder ein Hinweis auf eine bestimmte Zeit (wie *after her trip to Borneo*).

Noch eine dritte Anwendung der einfachen Vergangenheit:

9. They saved for years, booked a round-the-world trip on Concorde, packed their cases, travelled by train to Heathrow Airport, had a beer at the airport bar and missed the plane.

Sie sparten jahrelang, buchten eine Reise rund um die Welt mit Concorde, packten ihre Koffer, fuhren mit dem Zug zum Flughafen Heathrow, tranken ein Bier in der Bar am Flughafen und verpassten das Flugzeug.

Die einfache Vergangenheit verwendet man auch dann, wenn man eine Reihenfolge von Ereignissen *oder* Handlungen *beschreiben will (9).*

Eine Reihenfolge erkennt man daran, dass man im Deutschen das Wort „dann" wiederholt einfügen könnte (z. B. *Sie sparten jahrelang, dann buchten sie eine Reise, dann packten sie ihre Koffer …*).

Kurz zusammengefasst:
Einfache Vergangenheit:

- *wiederholte Handlungen/Ereignisse (1–3)*
- *abgeschlossene Einzelhandlungen o. ä. (6–8)*
- *Reihenfolge von Handlungen/Ereignissen (9)*

1.2.3 Die Bildung der *-ing*-Form der Vergangenheit

Im Kapitel über die Gegenwart haben wir auf Seite 13 eine Liste von Verben angegeben, die vorwiegend in der *einfachen Form* erscheinen (exist, belong, contain usw.). Diese Liste gilt ebenso für die Vergangenheit, deshalb sollten Sie sich diese Verben noch einmal vor Augen führen, bevor Sie sich mit der -*ing*-Form der Vergangenheit befassen.

1. I was reading a book when the phone rang.	Ich las gerade ein Buch, als das Telefon klingelte.

Die -ing-Form der Vergangenheit wird gebildet aus was/were + -ing-Form (1).

1.2.4 Der Gebrauch der -*ing*-Form der Vergangenheit

So wie in der Gegenwart hat die -*ing*-Form auch in der Vergangenheit eine Reihe von Anwendungsmöglichkeiten:

1. – "What were you doing when the explosion happened?" – "I was cooking dinner for my wife."	– „Was taten Sie gerade, als sich die Explosion ereignete?" – „Ich kochte das Abendessen für meine Frau."
2. To think that this time last week we were sitting on a beach in the Bahamas.	Wenn man sich überlegt, dass wir letzte Woche um diese Zeit (noch) am Strand auf den Bahamas saßen!

Die -ing-Form der Vergangenheit wird verwendet, um etwas zu beschreiben, das zu einem Zeitpunkt in der Vergangenheit gerade ablief *oder* im Gange *war (1, 2).*

! Im Deutschen kann man in solchen Fällen meistens das Wort „gerade" hinzufügen.

3. Whisky was getting more and more expensive.	Der Whisky wurde immer teurer.
4. At that time Alice was learning to bungee jump.	Damals lernte Alice gerade Bungee-springen.

Die -ing-Form der Vergangenheit beschreibt auch allmähliche Entwicklungen *bzw.* noch nicht abgeschlossene Handlungen *(3, 4).*

Manchmal kommt die -*ing*-Form in einem einzelnen Satz mehrmals vor, wie im folgenden Beispiel:

5. Victoria was doing her keep-fit exercises, Geoffrey was washing up, Edward was practising the piano, Chris was playing a computer game – and I was trying to get some sleep.	Victoria war gerade bei ihren Fitness-übungen, Geoffrey beim Abwaschen, Edward übte Klavier, Chris spielte ein Computerspiel – und ich versuchte, etwas zu schlafen.

Die -ing-Form der Vergangenheit wird auch verwendet, um verschiedene Handlungen zu beschreiben, die gerade gleichzeitig abliefen *(5).*

! Stellen Sie sich eine solche Szene so vor wie einen der modernen Fernsehbildschirme, auf denen Sie in mehreren Ausschnitten gleichzeitig verschiedene Programme sehen können.

6. He was always talking about his job.	Er erzählte andauernd von seiner Arbeit (und ging mir damit auf die Nerven).

Die -ing-Form der Vergangenheit wird in Verbindung mit always *bei wiederholten Handlungen benutzt, wenn der Sprecher damit sein* Missbehagen *und einen* Vorwurf *oder* Tadel *zum Ausdruck bringen möchte (6).*

Kurz zusammengefasst:
-ing-Form der Vergangenheit:
- *gerade ablaufende Handlung (1, 2)*
- *allmähliche Entwicklung (3), noch nicht abgeschlossene Handlung (4)*
- *parallel ablaufende Handlungen (5)*
- *in Verbindung mit* always *(6)*

1.2.5 Einfache Form und -*ing*-Form der Vergangenheit im Vergleich

Nun zu Sätzen, in denen beide Vergangenheitsformen erscheinen:

1. When Gregory arrived, everyone was running out of the house. — Als Gregory ankam, rannten alle gerade aus dem Haus.

2. At first we thought he was a genius, then we found out he was doing the Sun crossword.

Zuerst dachten wir, er sei ein Genie, aber dann fanden wir heraus, dass er das Kreuzworträtsel aus der „Sun"[1] machte.

[1] Die „Sun" ist ein englisches Massenblatt, das für die Dame ein zu anspruchsloses Niveau hat.

Erscheinen beide Vergangenheitsformen im selben Satz, beschreibt die -ing-Form eine Handlung, die bereits im Gange *war, als eine neue (in der einfachen Vergangenheit) hinzu- oder dazwischenkam (1) bzw. als etwas erkannt wurde o. ä. (2).*

Um Ihnen diese wichtige Regel besser verständlich zu machen, wollen wir die -*ing*-Form im ersten Beispielsatz durch die einfache Vergangenheit ersetzen:

3. When Gregory arrived, everyone ran out of the house. — Als Gregory ankam, rannten [dann] alle aus dem Haus.

Erkennen Sie den Unterschied? In Beispiel 1 war die Flucht aus dem Haus bereits im Gange (deswegen die -*ing*-Form), als Gregory ankam (abgeschlossene Handlung, einfache Vergangenheit). Er hatte also nichts mit dem panikartigen Aufbruch zu tun.
In Beispiel 3 dagegen ist *er* der Auslöser der allgemeinen Flucht. Das sieht man daran, dass beide Verben in der einfachen Vergangenheit erscheinen und somit aufeinander folgende Ereignisse wiedergeben (Reihenfolge).

1.3 Einfache Vergangenheit und *Present Perfect*

Für viele Deutschsprechende ist dieser Teil der englischen Grammatik der größte Stolperstein überhaupt, denn die Verwechslung zwischen dem deutschen Perfekt (*ich habe sie angerufen*) und dem *Present Perfect* im Englischen (*I have phoned her*) drängt sich geradezu auf. Nur selten ist aber eine solche wortwörtliche Übersetzung richtig.
Während im Deutschen – trotz regionaler und stilistischer Unterschiede im Gebrauch – das Perfekt (*ich habe angerufen*) und das Imperfekt (*ich rief an*) praktisch austauschbar sind, wird im Englischen zwischen dem *Present Perfect* (*I have phoned*) und der einfachen Vergangenheit (*I phoned*) *streng unterschieden.* Der Klarheit halber verwenden wir in diesem Kapitel die englische Bezeichnung *Present Perfect*, da es für diese Zeit keine genaue Entsprechung im Deutschen gibt und das deutsche Perfekt *auf keinen Fall* mit dem *Present Perfect* gleichgesetzt werden kann.
Zunächst zur Bildung des *Present Perfect.* (Die Bildung der einfachen Vergangenheit wurde in Kapitel 1.2 ausführlich behandelt.)

1.3.1 Die Bildung des *Present Perfect*

1. She has decided to become a nurse.	Sie hat beschlossen, dass sie Krankenschwester wird.
2. I've never seen her before in all my life.	Ich hab' sie noch nie in meinem ganzen Leben gesehen.
3. He's always liked teddy bears.	Er hat Teddybären schon immer gern gehabt.
4. They haven't been to America before.	Sie waren noch nie in Amerika.

> *Das* Present Perfect *wird zusammengesetzt aus* have/has + Past Participle *(1–4).*
Das Past Participle *von regelmäßigen Verben ist mit der Form der* einfachen Vergangenheit *identisch:*
-ed *wird an die Grundform des Verbs angehängt (Ausnahmen siehe S.13)*[1].
Abgekürzte Formen sind beim Present Perfect *sehr gebräuchlich (*I've, you've, we've, they've; he's, she's, it's*) (2, 3).*
Die verneinte Form lautet meistens haven't *bzw.* hasn't + Past Participle *(4)*[2].

1.3.2 Der Gebrauch von einfacher Vergangenheit und *Present Perfect*

Vergleichen Sie folgende Sätze:

1. As a concert pianist Claire visited thirteen countries.	Als Konzertpianistin hat Claire (insgesamt) dreizehn Länder besucht.
2. As a concert pianist Claire has visited thirteen countries.	Als Konzertpianistin hat Claire (bisher) dreizehn Länder besucht.

Im ersten Beispiel hat Claire während ihrer nunmehr *abgeschlossenen* aktiven Zeit als Musikerin dreizehn Länder besucht. Diese Zahl ist endgültig und wird sich nicht mehr ändern.

[1] Das *Past Participle* der unregelmäßigen Verben finden Sie in der Tabelle auf S. 146–147; [2] Genaueres zu Frage und Verneinung in Kapitel 1.16 auf S.78 ff.

Die einfache Vergangenheit beschreibt Vorgänge und Handlungen, die in der Vergangenheit liegen und keinen direkten *Bezug mehr zur Gegenwart haben. Sie gehören der Vergangenheit an, sind abgehakt und unveränderlich (1).*

! Es ist dabei egal, ob im Deutschen das Imperfekt (*besuchte*) oder das Perfekt (*hat besucht*) steht!

Im zweiten Beispiel hat Claire *bisher* dreizehn Länder besucht, es können aber durchaus noch andere Länder dazukommen, denn sie steht mitten in ihrer erfolgreichen Karriere.

Das Present Perfect *setzt das Verb in Bezug zur Gegenwart: Es bildet eine* Brücke zwischen Vergangenheit und Gegenwart *(2).*

! Wenn man im Deutschen *bisher, bis jetzt, bis zu diesem Augenblick* oder Ähnliches hinzufügen kann, nimmt man im Englischen das *Present Perfect*.

Noch ein paar Beispiele für das *Present Perfect*:

3. I've answered seven of the twenty complaints. I'll do the rest on Monday.	Ich habe (bisher) auf sieben der zwanzig Beschwerden geantwortet. Die übrigen erledige ich am Montag.
4. Have you washed my blouse yet, David?	Hast du meine Bluse schon gewaschen, David?

Kurz zusammengefasst:
- *„abgeschlossene" Handlungen: einfache Vergangenheit (1)*
- *Bezug zur Gegenwart:* Present Perfect *(2–4)*

1.3.3 „Signalwörter"

Um Ihnen bei der richtigen Wahl der Zeitform zu helfen, nennen wir einige sogenannte „Signalwörter", die oft in Verbindung mit einer dieser beiden Zeitformen erscheinen:

Einfache Vergangenheit: bestimmte Zeit in der Vergangenheit		*Present Perfect:* Brücke zur Gegenwart	
yesterday	gestern	up to now, until now, till now	bisher, bis jetzt
last night	letzte Nacht, gestern Abend	so far	bisher
last week	letzte Woche	yet[1] (in verneinten Sätzen: He hasn't told her yet.)	noch nicht
last winter *usw.*	letzten Winter *usw.*	yet[1] (in Fragen: Has he told her yet?)	schon
in March	im März	lately	in letzter Zeit
in 1066	(im Jahr) 1066		
in the morning usw.	am Morgen *usw.*		
at 5 o'clock	um 5 Uhr		
at midnight	um Mitternacht		

[1] besonders im Amerikanischen auch in der einfachen Vergangenheit möglich

Einfache Vergangenheit:		*Present Perfect:*	
at Christmas *usw.*	zu Weihnachten *usw.*	just	gerade, soeben
on Tuesday	am Dienstag	already	schon, bereits
on May 1st *usw.*	am 1. Mai usw.	for[1]	seit (Zeitdauer)
		since[1]	seit (Zeitpunkt)
a week ago	vor einer Woche		
two years ago	vor zwei Jahren		
usw.	usw.		
when	als, (in Fragen) wann		

1.3.4 Einfache Vergangenheit und *Present Perfect* im Vergleich

Leider erscheinen solche hilfreichen Signalwörter nicht in jedem Satz. Es gibt aber auch andere Kriterien, die den Gebrauch der jeweiligen Zeitform bedingen:

1. Saint Paul wrote a large number of letters. — Paulus hat eine große Anzahl von Briefen geschrieben.

Paulus lebte bekanntlich im ersten Jahrhundert – wir haben es also mit einem geschichtlichen Ereignis zu tun, und dies bestimmt die Zeitform, nämlich die einfache Vergangenheit.

Das Ereignis muss allerdings nicht so weit zurückliegen wie die Zeit des römischen Reichs, um schon „Geschichte" zu sein:

2. Charlie Chaplin made a lot of funny films. — Charlie Chaplin hat viele komische Filme gedreht.

Obwohl diese Filme heute noch gern gesehen werden, ist es eine Tatsache, dass Charlie Chaplin im Jahre 1977 gestorben ist. Sein Beitrag zum Kino gehört also bereits der Geschichte an.

> *Die einfache Vergangenheit wird bei Ereignissen verwendet, die der* Geschichte *(im weitesten Sinne des Wortes) angehören (1, 2).*

3. – "What did she say?" — „Was hat sie gesagt?"
   – "She told me to clear my desk out and leave." — „Sie sagte, ich solle meinen Schreibtisch räumen und gehen."

Obwohl die hier beschriebene unerwartete Kündigung einen höchst dramatischen Einschnitt im Leben des Betroffenen darstellt, kann man sie kaum als „geschichtliches Ereignis" bezeichnen. Sie gehört aber trotzdem der „Geschichte" an, denn sie ist passiert, passee, und als Fakt nicht mehr rückgängig zu machen.

> *Bei Ereignissen, Vorgängen und Handlungen, die erst kürzlich stattgefunden haben, verwendet man die einfache Vergangenheit, vorausgesetzt, der Sprecher bzw. Berichterstatter betrachtet sie als* in der Vergangenheit abgeschlossen *(3).*

! Stellen Sie sich vor, das Ereignis wurde von jemandem mit der Kamera festgehalten. Man blickt darauf zurück, so wie man sich einen Sofortbild-Abzug ansehen würde.

[1] Genaueres zu *for* und *since* in Kapitel 1.3.5 auf S. 22 ff.

Im folgenden Satz hat sich die Perspektive nun geändert:

4. I've been fired. — Ich bin gefeuert worden!

Der nunmehr arbeitslose Büroangestellte teilt inzwischen dem Barkeeper die traurige Nachricht mit. Er berichtet zwar vom selben Ereignis, diesmal steht aber die Kündigung *mit ihren Auswirkungen für die Gegenwart* im Vordergrund. Sie ist für den Betroffenen momentan Thema Nr. 1, aber nicht nur als Fakt, sondern auch emotional.

Steht bei einem Vorgang aus der Vergangenheit das Ergebnis *und dessen* Einfluss auf die Gegenwart *im Vordergrund, so verwendet man das* Present Perfect *(4).*

Aber:

5. I was fired an hour ago, and I'm afraid to go home and tell my wife. — Ich wurde vor einer Stunde gefeuert, und ich habe Angst, nach Hause zu gehen und es meiner Frau zu sagen.

Erscheint im Satz ein Signalwort *für die* einfache Vergangenheit *(siehe Tabelle auf S. 19–20; hier:* ago*),* muss *man diese Zeitform nehmen (5).*

Zurück zu den Fällen *ohne* Signalwort:

6. Are you sure your tie didn't go over the bar-code scanner?

Sind Sie sicher, dass Ihre Krawatte nicht vorhin über den Strichcode-Scanner gerutscht ist?

7. Which bell did you ring? — Welche Klingel haben Sie [da eben] geläutet?

Seit die Klingel im Beispiel 7 geläutet wurde, sind zwar erst Sekunden vergangen, jedoch ist für den Fragenden die Betätigung der Klingel eindeutig in der Vergangenheit fixiert – so wie mit der Kamera festgehalten.

Wenn man im Deutschen „damals", „vorhin" *oder* „da gerade/da eben" *hinzufügen kann, verwendet man im Englischen die* einfache Vergangenheit *(6, 7).*

Kurz zusammengefasst:
- *Geschichte / in der Vergangenheit fixiert:* einfache Vergangenheit *(1–3, 5–7)*
- *Auswirkung auf die Gegenwart:* Present Perfect *(4)*

Ein letzter Vergleich – diesmal mit Zeitangaben – macht den Unterschied zwischen diesen beiden Zeitformen noch einmal ganz deutlich:

8. I didn't read the paper this morning. — Ich habe heute morgen die Zeitung nicht gelesen.

9. <u>Understaffed</u>?!! – I've done five operations this morning and I'm only the caretaker!

Personalmangel?!! – Ich hab' heut' vormittag schon fünf Operationen durchgeführt – und ich bin hier bloß der Hausmeister!

Mit Zeitangaben wie this morning, this week *usw. wird die* einfache Vergangenheit *gebraucht, wenn der Zeitraum* bereits abgeschlossen *ist (der Satz im Beispiel 8 wird* nachmittags *oder* abends *gesagt).*
Das Present Perfect *wird verwendet, wenn der Zeitraum* noch nicht abgeschlossen *ist (der Satz im Beispiel 9 wird* noch am Vormittag *geäußert – man könnte im Deutschen auch* „bisher" *hinzufügen).*

1.3.5 *for* und *since*

Der deutsche Ausdruck „seit" hat im Englischen *zwei* mögliche Übersetzungen: *for* und *since*. Da dies eine häufige Fehlerquelle für deutschsprachige Englischlernende ist, wollen wir uns den unterschiedlichen Gebrauch näher ansehen:

1. Sleep with you? I haven't slept for 17 weeks!

   Mit dir schlafen? Ich hab' seit 17 Wochen überhaupt nicht mehr geschlafen[1]!

2. You must have seen a lot of changes since you began as a teacher.

   Sie müssen viele Veränderungen erlebt haben, seit Sie als Lehrer angefangen haben.

Folgende Übersicht zeigt Ihnen, wann *for* und wann *since* zur Anwendung kommt:

for Zeitdauer	*since* Zeitpunkt
Angabe der Zeitdauer meist durch eine Konstruktion mit *a/an* bzw. mit einer Zeitangabe im Plural (-*s*) (1):	Genaue Angabe eines Zeitpunkts, einer Handlung bzw. eines Ereignisses (2):
for an hour for a month for a while for three weeks for centuries for ages	since 3 o'clock since last night since August since 1990 since I left school since he last came

[1] Der Witz spielt auf eine beliebte Reihe von Werbespots für eine bestimmte Kaffeemarke an. Es ging dabei in Fortsetzungen um die innige Liebesbeziehung eines jungen Paares, die von den Zuschauern am Bildschirm verfolgt werden konnte. Diese fortgesetzten Werbespots waren eine Zeitlang beliebter als manche Vorabendserie. – Aber der erhöhte Kaffeekonsum hatte seine Folgen!

! *Since* wird bei einem *Zeitpunkt* verwendet – denken Sie also an den Punkt auf dem i.

Beachten Sie aber, dass sowohl die einfache Vergangenheit als auch das *Present Perfect* in den mit *since* eingeleiteten Teilsätzen stehen können: Die bisher angeführten Regeln gelten auch hier!

1.3.6 Weitere Verwendungen des *Present Perfect*

Manchmal kommt es nicht darauf an, *wann* etwas geschehen ist, sondern *dass* es überhaupt schon mal geschah:

1. I've been to better parties.	Ich hab' schon bessere Partys erlebt!
2. – "Have you still got to go to the bank?"	– „Musst du noch auf die Bank?"
– "No, I've been already."	– „Nein, ich war schon."
3. Have you ever been to California?	Waren Sie schon mal in Kalifornien?

> *Wenn es unwichtig oder irrelevant ist,* wann *etwas in der Vergangenheit geschehen ist, verwendet man das* Present Perfect.
> *Im Deutschen kann man oft* „schon (ein)mal", „irgendwann einmal", *oder einfach* „schon" *hinzufügen (1 – 3).*
> *Oft steht der deutsche Satz in solchen Fällen im Imperfekt (2, 3).*

Und nun die letzte Anwendungsmöglichkeit des *Present Perfect*:

4. We've lived in this house since we got married.	Wir wohnen in diesem Haus, seit wir verheiratet sind.
5. I've known him for two years.	Ich kenne ihn schon seit zwei Jahren.

> *Das* Present Perfect *wird auch für Zustände oder Vorgänge verwendet, die in der Vergangenheit begonnen haben und bis in die Gegenwart hineinreichen (4, 5).*

6. I've been cleaning the attic since 7 o'clock this morning, and I'm not even halfway through.	Ich mache (schon) seit heute morgen um sieben den Dachboden sauber und habe nicht einmal die Hälfte geschafft.

> *Wenn der Vorgang in der Gegenwart noch andauert, nimmt man oft die* -ing-Form *des* Present Perfect (have/has been + -ing-Form)*, besonders wenn die Aussage emotional „geladen" ist (6).*

1.3.7 Weitere Verwendungen der *-ing*-Form des *Present Perfect*

1. You look tired. What have you been doing?	Du siehst müde aus. Was hast du gemacht?
I have been playing tennis.	Ich habe Tennis gespielt.

> *Die* -ing-Form *des* Present Perfect *wird verwendet, wenn von Handlungen die Rede ist, die gerade erst abgeschlossen wurden (1).*

2. He can't dance tonight. His legs hurt. He has been playing football all afternoon.	Er kann heute abend nicht tanzen. Seine Beine schmerzen. Er hat den ganzen Nachmittag Fußball gespielt.

Die -ing-Form wird verwendet, wenn von Handlungen die Rede ist, die zwar in der Vergangenheit abgeschlossen wurden, aber noch Folgen in der Gegenwart haben (2).

Hier ein weiteres Beispiel für den Gebrauch der *-ing*-Form des *Present Perfect* bei einer emotional gefärbten Aussage:

3. You've been climbing the tree again!

   Du bist schon wieder auf den Baum geklettert!

1.4 Das *Past Perfect*

Das englische *Past Perfect* bezieht sich nicht, wie oft vermutet, auf Ereignisse, die vor sehr langer Zeit stattfanden. Für solche Fälle reicht die einfache Vergangenheit:

1. Napoleon died in 1821. — Napoleon starb 1821.

1.4.1 Die Bildung des *Past Perfect*

1. I had written
2. she had carried
3. we had heard
4. they had suggested

Das Past Perfect *wird zusammengesetzt aus* had/hadn't + Past Participle *(1 – 4).*

1.4.2 Der Gebrauch des *Past Perfect*

In der Regel wird das *Past Perfect* verwendet, um zwei Ereignisse in eine zeitliche Beziehung zueinander zu setzen:

1. His girlfriend left the café. Then he arrived for their date. — Seine Freundin verließ das Café. Dann erschien er zum Rendezvous.

Man könnte das auch anders ausdrücken:

2. His girlfriend had already left the café when he arrived for their date. — Seine Freundin hatte das Café schon verlassen, als er zum Rendezvous erschien.

Das Past Perfect *wird verwendet, um einen Vorgang o.ä. zu beschreiben, der vor einem bestimmten Zeitpunkt in der Vergangenheit* schon abgeschlossen war *(2).*

In solchen Fällen entspricht dieser Gebrauch genau dem des Plusquamperfekts im Deutschen (z. B. *ich war gegangen, er hatte gelesen* usw.) und ist insofern für Deutsche völlig unproblematisch.

3. I had hoped to become filthy rich. I suppose I'm halfway there.

Ich hatte gehofft, stinkreich zu werden. Na ja, man könnte vielleicht sagen, dass ich die Hälfte schon geschafft habe …

Nun aber ein paar Beispiele für das *Past Perfect* im Englischen, die *nicht* mit dem Plusquamperfekt im Deutschen identisch sind, da im Deutschen hier meistens der Konjunktiv verwendet wird:

4. She asked me where I had been. — Sie fragte mich, wo ich gewesen sei.

Das Past Perfect wird in der indirekten Rede[1] verwendet, wenn die gesprochene direkte Rede im Present Perfect oder in der einfachen Vergangenheit gestanden hätte (4).

Noch ein wichtiger Unterschied im Gebrauch:

5. If you had asked me I would have told you. — Wenn du mich gefragt hättest, hätte ich es dir gesagt.

Das Past Perfect wird bei if-Sätzen Typ 3[2] verwendet (5).

6. She looked as if she had just seen a ghost. — Sie sah aus, als hätte sie gerade ein Gespenst gesehen.

Das Past Perfect wird bei Sätzen mit as if („als ob") verwendet (entsprechend dem deutschen „hätte" bzw. „wäre" usw.) (6).

Und schließlich:

7. I wish I had asked for her phone number. — Ich wünschte, ich hätte sie nach ihrer Telefonnummer gefragt!
8. If only he had asked me for my phone number. — Wenn er mich nur nach meiner Telefonnummer gefragt hätte!

Das Past Perfect wird verwendet bei Sätzen, die mit I wish bzw. if only eingeleitet werden (und die Bedauern über etwas Vergangenes ausdrücken) (7, 8).

[1] vgl. Kapitel 1.11, Seite 64 ff.; [2] vgl. Kapitel 1.9, Seite 52 ff.

1.4.3 Die Bildung der *-ing*-Form des *Past Perfect*

Auch das *Past Perfect* tritt in der *-ing*-Form auf:

1. They had been drinking all night. — Sie hatten die ganze Nacht durchgezecht.

Die -ing-Form des Past Perfect *wird gebildet aus* had been/hadn't been + -ing-*Form (1).*

1.4.4 Der Gebrauch der *-ing*-Form des *Past Perfect*

1. I had been sitting there for almost an hour when I realized I was on the wrong train. — Ich hatte dort schon fast eine Stunde gesessen, als ich merkte, dass ich im falschen Zug war.

Die -ing-*Form* des Past Perfect *drückt aus, dass ein Vorgang zu einem bestimmten Zeitpunkt in der Vergangenheit schon angefangen hatte und* noch andauerte *(1).*

2. Her eyes were red. She'd (= had) been crying. — Ihre Augen waren rot. Sie hatte geweint.

Die -ing-*Form beschreibt Vorgänge oder Tätigkeiten, die bis zu oder bis kurz vor einem Zeitpunkt in der Vergangenheit stattgefunden haben (2).*

3. They had been working in the kitchen all day, so they couldn't enjoy the party. — Sie hatten den ganzen Tag in der Küche gearbeitet und konnten deshalb die Party nicht genießen.
4. Everyone was happy. They had cooked some tasty food. — Alle waren zufrieden. Sie hatten ein leckeres Essen gekocht.

Mit der -ing-*Form* des Past Perfect *werden häufig das Andauern und der Ablauf der Handlung betont, während das* einfache Past Perfect *„nur" den Abschluss einer Tätigkeit oder Situation an sich herausstellt (3, 4).*

Die *-ing*-Form wird auch in der indirekten Rede verwendet:

5. She asked me what I had been doing at Alcatraz. — Sie fragte mich, was ich auf Alcatraz gemacht hatte.

Die -ing-*Form* des Past Perfect *wird in der indirekten Rede verwendet, wenn die gesprochene direkte Rede in der* -ing-*Form des* Present Perfect *gestanden hätte*[1] *(5).*

[1] vgl. Kapitel 1.11, Seite 64

1.5 Die Zukunftsformen

1.5.1 Die Bildung der Formen der einfachen Zukunft

Für die einfache Zukunft gibt es – trotz dieser Bezeichnung – gleich fünf verschiedene Ausdrucksmöglichkeiten, die im folgenden Schema aufgeführt werden:

1. *will*-Zukunft	We'll be there.	*will / shall* (oft *'ll*) + Grundform des Verbs
2. *be going to*	He's going to get married again.	*am / are / is going to* + Grundform des Verbs
3. *-ing*-Form in der Gegenwart	I'm staying in tonight.	*am / are / is* + *-ing*-Form
4. einfache Gegenwart	They arrive at Frankfurt at 7.15 p.m.	zur Bildung vgl. Kapitel 1.1, S. 7 ff.
5. *-ing*-Form in der *will*-Zukunft	He'll be going shopping later – he can get us a paper.	*will / shall* (oft *'ll*) + *be* + *-ing*-Form

Bevor wir aber darauf eingehen, *wann* man was sagt, hier ein paar kleine Tipps vorneweg:

- Will *wird meist zu* 'll *verkürzt:* She will be there tonight → She'll be there tonight.
- *Die verneinte Form* will not *wird fast immer zu* won't *verkürzt*[1].
- Shall *wird hauptsächlich nach* I *oder* we *verwendet. Es ist eine stilistisch gehobenere Alternative zu* will. *Die verneinte Form lautet* shan't.

Nun aber zurück zu den oben aufgeführten Formen. Fragt man einen Muttersprachler nach dem *future tense* von *to send*, sagt er mit ziemlicher Sicherheit *will send*. Aber auch wenn die *will*-Zukunft rein statistisch die geläufigste Zukunftsform im Englischen bildet[2], so ist diese Form dennoch keine „Universalform", wie manchmal behauptet wird. Im Gegenteil: Der Hauptfehler der Deutschsprachigen bei Zukunftsformen im Englischen ist die zu häufige Verwendung von *will*! Ganz wichtig ist also, wann *will nicht* möglich ist. Aber mehr dazu später.
Ein weiterer wichtiger Tipp: Der Gebrauch der 4. Möglichkeit (einfache Gegenwart mit Zukunftsbedeutung) ist wesentlich eingeschränkter als im Deutschen – auch dazu später mehr.

Etwas verständlicher wird die Verwendung der verschiedenen Formen, wenn man Zukunftsaussagen in zwei allgemeine Bereiche aufteilt:
- *Vorhersage/Vermutung* (Was wird geschehen?)
- *Vorhaben* (Was wollen wir eigentlich machen?)

Wichtig ist, dass man erkennt, um was für eine Aussage über die Zukunft es sich handelt (wir nennen das später die „Sprechabsicht").

[1] Im Amerikanischen wird *will not* eher gebraucht, wobei die Betonung auf *not* liegt; [2] Eigene Recherchen zeigen, dass *will* in 56% aller Fälle verwendet wird; die weitere Rangfolge: einfache Gegenwart: 17%, *be going to*: 16%, *-ing*-Form der Gegenwart: 8,5%, *-ing*-Form der *will*-Zukunft: 2,5%. Selbstverständlich dient die Statistik nur zur Orientierung und hilft im Einzelfall nicht.

1.5.2 Voraussagen/Vermutungen

1. In five years' time you won't have any hair left. — In fünf Jahren wirst du keine Haare mehr auf dem Kopf haben.
2. We'll never make it. — Das schaffen wir doch nie!
3. I bet she'll be pleased. — Sie wird froh sein – wetten?
4. The police will arrest him one of these days. — Eines Tages wird die Polizei ihn verhaften.

5. Here are your cards, Pilbeam, and, I must say, I'll be glad to see the back of you!

   Da haben Sie Ihre Papiere, Pilbeam. – Ich muss sagen, ich werd' froh sein, Sie endlich von hinten zu sehen[1]!

Die will-*Zukunft wird bei ganz allgemeinen Vorhersagen und Vermutungen gebraucht (1–5).*
Oft wird lediglich die Meinung *des Sprechers ausgedrückt (z. B. 2).*

Andere „Vorhersagen" basieren auf Fakten und werden im Englischen anders ausgedrückt:

6. It's very dark. I think it's going to rain. — Es ist sehr dunkel. Ich glaube, es wird regnen.

7. Would you mind having a word with my wife and explaining why I'm going to be late home?

   Wären Sie so freundlich und würden meiner Frau kurz erklären, warum ich etwas später nach Hause kommen werde?

[1]Der Text auf dem Plakat lautet frei übersetzt: „Stecken Sie sich Ihren lausigen Job doch an den Hut!"

8. I think I'm going to sneeze.	Ich glaube, ich muss gleich niesen.

Die be going to-*Form verwendet man, wenn sich die betreffende Person so gut wie* sicher *ist, dass etwas tatsächlich eintreten wird (6–8). Etwas ist sozusagen schon* vorprogrammiert, *es bahnt sich an, man sieht es kommen.*

Kurz zusammengefasst:
- *allgemeine Voraussage:* will *(1–5)*
- *sichere Prognose:* be going to *(6–8)*

Schließlich gibt es Vorhersagen, die kaum als solche zu bezeichnen sind, sondern eher als Angaben zum normalen, vorgesehenen Verlauf einer Handlung:

9. We'll be landing in a few minutes.	In wenigen Minuten landen wir.
10. It's 11 o'clock, dear – he won't be coming now.	Es ist schon 11 Uhr, Schätzchen, jetzt kommt er bestimmt nicht mehr.

Die -ing-*Form der* will-*Zukunft wird für Vorhersagen verwendet, bei denen* etwas ohnehin Vorgesehenes *eintritt (9).*
Gelegentlich verwendet man diese Form, um eher unerfreuliche *Prognosen weniger hart (10) oder um eine Frage höflicher erscheinen zu lassen.*

Nun zum zweiten großen Zukunftsbereich:

1.5.3 Absicht, Plan, Vereinbarung

Bei *ganz spontanen Reaktionen* auf eine gegebene Situation kommt im Englischen nur <u>eine</u> Zukunftsform in Frage:

1. Don't worry – I'll repair it.	Keine Angst – ich reparier' das schon!
2. I think I'll have a red wine for a change.	Ich glaub', ich nehm' zur Abwechslung mal einen Rotwein.

Bei spontanen, *nicht vorher überlegten Absichtserklärungen verwendet man die* will-*Zukunft (1, 2). Logischerweise erscheint dieser Gebrauch fast immer in Verbindung mit* I *oder* we.

Andere Absichtserklärungen sind das Ergebnis längerer Überlegung:

3. Right, I've decided – I'm going to phone her now.	So, jetzt habe ich mich entschieden – ich werde sie jetzt anrufen.
4. I'm going to hit him when I see him.	Sobald ich ihn erwische, schlag' ich ihn.

Bei vorher überlegten Entscheidungen *verwendet man* be going to *(3).*
Oft wird mit dieser Form die Entschlossenheit *des Handelnden zum Ausdruck gebracht (4).*

Kurz zusammengefasst:
- *spontane Entscheidung:* will *(1, 2)*
- *vorher überlegt:* be going to *(3, 4)*

Bei der nächsten Zukunftsform stehen Termine und feste Vereinbarungen im Vordergrund:

5. Meet for a meal? Well, next week I'm going to a conference in Florence, the week after that I'm going to an exhibition in San Francisco, and then I'm giving a talk in Honolulu. But there's a lovely little snack bar at Heathrow Airport ...	Zusammen essen gehen? Hm, nächste Woche nehme ich an einem Kongress in Florenz teil, in der darauf folgenden Woche besuche ich eine Ausstellung in San Francisco, und dann halte ich eine Rede in Honolulu. Es gibt da aber eine reizende kleine Snackbar am Flughafen Heathrow ...

Mit der -ing-Form in der Gegenwart werden bereits festgelegte Pläne *oder* Vereinbarungen *ausgedrückt (5). Meist erscheint dabei eine Zeitangabe oder ein Fragewort der Zeit (*when *usw.) im Satz, durch die deutlich wird, dass es sich um die Zukunft und nicht um die Gegenwart handelt.*

Wenn Sie in diesem letzten Abschnitt die Regeln für *be going to* (vorher überlegt) mit denen für die *-ing*-Form der Gegenwart (fest geplant/vereinbart) vergleichen, ist es klar, dass diese beiden Formen oft praktisch austauschbar sind. Der wesentliche Unterschied zwischen den beiden Formen bleibt aber in solchen Fällen wie den folgenden bestehen:

6. Where are you going to meet him?	Wo triffst du dich mit ihm?
7. Where are you meeting him?	Wo triffst du dich mit ihm?

Bei be going to *wird die Absicht des Handelnden stärker betont (6), bei der -ing-Form der Gegenwart rückt die* feste Vereinbarung *in den Vordergrund (7).*

Wie anfangs erwähnt, wird die einfache Gegenwart mit Zukunftsbedeutung im Englischen seltener verwendet als im Deutschen. Sie erscheint – wie im Deutschen – in Sätzen folgender Art:

8. The Prime Minister arrives at the school at 3 p.m. and gives his speech at 3.30.	Der Premierminister kommt um 15 Uhr in der Schule an und hält um 15.30 Uhr seine Rede.
9. The office closes at midday today for renovation work.	Wegen Reparaturarbeiten schließt das Büro heute bereits um 12.00 Uhr.

Bei Terminen *und* Zeiten, *die meist von anderen Personen oder beispielsweise offiziell* festgelegt *wurden, wird die einfache Gegenwart verwendet (8, 9). Es handelt sich dabei oft um Abfahrts- und Ankunftszeiten, Geburtstage, Feiertage, Öffnungszeiten usw.*

! Machen Sie nicht den weitverbreiteten Fehler, die einfache Gegenwart im Deutschen mit der einfachen Gegenwart im Englischen zu übersetzen. Dies ist relativ selten möglich.

Kurz zusammengefasst:
- *feste Pläne/Vereinbarungen: -ing-Form der Gegenwart (5, 7)*
- *offiziell/durch „höhere Instanz" festgelegt: einfache Gegenwart (8, 9)*

Schließlich gibt es noch die *-ing*-Form der *will*-Zukunft:

10. He'll be ringing back in about five minutes.	Er ruft in etwa fünf Minuten zurück.
11. We'll be seeing Jeremy at the weekend, so we'll pass his hearing aid on to him.	Wir sehen Jeremy (sowieso) am Wochenende – da können wir ihm sein Hörgerät geben.

Wenn betont werden soll, dass etwas ohnehin so vorgesehen ist, verwendet man die -ing-Form der will-Zukunft (10, 11).
Im Deutschen würde man oft das Wort „sowieso" hinzufügen.

Kurz zusammengefasst:
-ing-Form der will-Zukunft:
- *wenn etwas „sowieso" vorgesehen ist (10, 11)*

Noch einmal das Wichtigste in einer Übersichtstafel.

Sprechabsicht	Zukunftsform	Gebrauchseinschränkungen
Vorhersage/ Vermutung	Allgemeine Vorhersage/ Vermutung *will*-Zukunft You'll be all right in a few moments.	oft mit einer Zeitangabe verwendet
	Etwas bahnt sich an, man sieht es kommen: be going to Look, he's going to fall out of the window.	
Absicht, Plan, Vereinbarung	Spontane Absichtserklärung: *will*-Zukunft I'll tell Mum what you said.	Bei Aussagesätzen fast immer *I'll …* bzw. *We'll …*
	Beabsichtigter Plan, Entschluss zur Handlung: be going to I'm going to give up smoking – again.	
	Festgelegte Vereinbarung: *-ing*-Form in der Gegenwart She's leaving for the Antarctic on Tuesday.	meist mit einer Zeitangabe im Satz

Sprechabsicht	Zukunftsform	Gebrauchseinschränkungen
Absicht, Plan, Vereinbarung	(Von anderen, durch „höhere Instanz") festgelegter und meist unabänderlicher Termin: einfache Gegenwart The office opens again on March 15th.	fast immer mit einer Zeitangabe im Satz
	Ohnehin schon vorgesehene, geplante Handlung: *-ing*-Form der *will*-Zukunft This is where you'll be sleeping.	

1.5.4 Allgemeines zur *will*-Zukunft

Sehen wir uns zunächst das Wort „wenn" an (dem wir im Kapitel 1.9, S. 52 ff. mehr Aufmerksamkeit widmen):

1. If he says no, will you marry me? — Wenn er nein sagt, heiratest du mich dann?

Bei if-Sätzen vom Typ 1 erscheint im Hauptsatz meistens die will-Zukunft, im Nebensatz mit if – wie im Deutschen – die einfache Gegenwart (1).

Ähnlich ist es auch im folgenden Fall:

2. I'll pay you back as soon as I get a job. — Ich zahl's dir zurück, sobald ich eine Stelle finde.

Auch Nebensätze mit when, as soon as, by the time und dergleichen (Zeitsätze) folgen dem Muster der if-Sätze vom Typ 1: will-Zukunft im Hauptsatz, einfache Gegenwart im Nebensatz (2).

Jetzt die anfangs versprochene Übersicht darüber, wann die *will*-Zukunft nicht verwendet wird:

- bei Vorhersagen, bei denen sich etwas bereits abzeichnet oder anbahnt:
  Look at that car over there – it's going to crash!
- bei vorher überlegten Entscheidungen, bei festen Vorhaben:
  I'm getting married / I'm going to get married.
- in Nebensätzen mit *if, when, as soon as* usw.:
  I'll call him up as soon as I get home.

1.5.5 Weitere Zukunftsformen

Bisher befassten wir uns mit der „einfachen" Zukunft, auch wenn sie gar nicht so einfach zu handhaben ist. Aber auch die äußerlich kompliziertere *-ing*-Form der *will*-Zukunft wird im Englischen in bestimmten Situationen verwendet.

1. In a few minutes we'll be sweating over the big test on future tenses. — In wenigen Minuten werden wir uns beim großen Abschlusstest mit den Zukunftsformen abrackern.

> *Die -ing-Form der will-Zukunft drückt auch aus, dass zu einem bestimmten Zeitpunkt in der Zukunft ein Vorgang* gerade ablaufen wird *(1). Meist ist eine entsprechende Zeitangabe im Satz enthalten.*

2. How long will your mother-in-law be living with you? — Wie lange wird deine Schwiegermutter bei dir wohnen?

> *Die -ing-Form der will-Zukunft wird auch verwendet, wenn man aus Höflichkeit oder aus Taktgründen etwas nicht allzu direkt ausdrücken möchte (2).*

Das *Future Perfect* darf hier auch nicht fehlen, auch wenn es nur relativ selten zum Einsatz kommt:

3. With a bit of luck she'll have <u>overcome</u> her fear of flying by the time we go on holiday.

   Mit etwas Glück wird sie ihre Angst vor dem Fliegen überwunden haben, bis wir in Urlaub fahren.

> *Das* Future Perfect (will / 'll have *und* won't have + Past Participle) *wird verwendet, um auszudrücken, dass etwas zu einem bestimmten Zeitpunkt in der Zukunft* schon stattgefunden *haben wird (3).*

4. This time next year I'll have been working here for ten years. — Nächstes Jahr um diese Zeit werde ich hier schon zehn Jahre lang gearbeitet haben.

> *Die* -ing-*Form des* Future Perfect *(*will / 'll have been *und* won't have been + -ing-*Form) bezeichnet den Verlauf, die Aktualität einer noch nicht abgeschlossenen Handlung aus der Perspektive eines bestimmten Zeitpunkts in der Zukunft (4).*
> *Beide Formen des* Future Perfect *werden in der Regel mit einer entsprechenden Zeitangabe verwendet.*

1.5.6 *was/were going to ... ("The future in the past")*

1. He was going to travel by train, but then he decided to go by car. — Er wollte mit dem Zug reisen, aber dann beschloss er, mit dem Auto zu fahren.

Die Formen was/were going to *werden häufiger benutzt, um über Absichten oder Vorstellungen zu sprechen, die man in der Vergangenheit hatte und die man nicht verwirklichen konnte oder die nicht eintraten (1). Die deutsche Entsprechung heißt „wollte(n)".* Wanted to *kann aber in diesen Fällen nicht verwendet werden. Andere Verben, die wie* was/were going to *benutzt werden, sind z.B.* consider, plan *(2),* think of*:*

2. I was planning to visit the British Museum, but I haven't got the time. — Ich wollte das Britische Museum besuchen, aber ich habe keine Zeit dafür.

1.6 Das Passiv

Beim Passiv richtet sich die Aufmerksamkeit auf die Person bzw. die Sache, der etwas „passiert". Deshalb kennen manche das Passiv auch als Leideform. Ein Beispiel dafür:

1. He used the Sunday papers as blankets and he was crushed to death.

   Er nahm die Sonntagszeitungen als Decken und wurde dadurch zu Tode gequetscht[1].

1.6.1 Die Bildung des Passivs

1. I am often asked how old I am. — Ich werde oft gefragt, wie alt ich bin.
2. We were beaten up by several old ladies. — Wir wurden von mehreren alten Damen geschlagen.

Das Passiv wird wie folgt gebildet:

Subjekt + *Form des Verbs* to be	+ Past Participle *(1, 2)*	
We	*were*	*evacuated.*
Wir	wurden	evakuiert.

Gelegentlich wird statt *to be* das Verb *to get* verwendet. So hätte der erste Beispielsatz auch heißen können: *I often get asked how old I am.* Dieser Gebrauch ist etwas umgangssprachlicher.

[1] Der Cartoon deutet an, wie umfangreich die englischen Sonntagszeitungen heutzutage sind!

3. "He was robbed in the gents at the Rose and Crown."

„Er wurde auf dem Herrenklo im 'Rose and Crown' ausgeraubt."

Hier aber einige Beispiele für das Passiv in anderen Zeitformen:

4. I've never been interviewed on TV. — Ich bin noch nie im Fernsehen interviewt worden.
5. He had been operated on by Dr. Crippen several times before. — Er war schon mehrmals zuvor von Herrn Doktor Crippen operiert worden.

Wie am Beispiel 5 zu erkennen ist, kann der „Verursacher" bzw. der „Täter" durchaus genannt werden:

6. They were attacked by a youth with a knife. — Sie wurden von einem Jugendlichen mit einem Messer angegriffen.
7. Who was this article written by? — Von wem wurde dieser Artikel geschrieben?

   formell:

   By whom was this article written?

Das deutsche „von" bzw. „durch" entspricht dem englischen by *(5, 6). In Fragen wird es meistens nachgestellt (7).*

Die Ausführenden der Handlung werden also erwähnt, wenn dies für nötig oder relevant gehalten wird (und natürlich immer unter der Voraussetzung, sie sind bekannt).

1.6.2 Das persönliche Passiv

Nun zu den Abweichungen vom Deutschen:

1. I was taught never to accept money from strangers. — Man hat mir beigebracht, nie Geld von Fremden anzunehmen.
2. She was offered a company car. — Ihr wurde ein Firmenwagen angeboten.

Hier kann man im Deutschen natürlich nicht etwa „ich wurde beigebracht" oder „sie wurde angeboten" sagen. Im Englischen ist eine solche Konstruktion aber durchaus möglich, wobei der „Betroffene" immer an erster Stelle genannt wird.

Eine Reihe englischer Verben lässt im Gegensatz zum Deutschen den Gebrauch des persönlichen Passivs zu (1, 2). Hier einige der wichtigsten:

advise	empfehlen	offer	anbieten
allow	erlauben	order	befehlen
bring	bringen	promise	versprechen
expect	erwarten	sell	verkaufen
follow	folgen	send	schicken
give	geben	show	zeigen
help	helfen	tell	sagen
lend	leihen		

Es wird Ihnen vielleicht aufgefallen sein, dass auch das deutsche Wort „man" zur Übersetzung des englischen Passivs in den Beispielsätzen benutzt wurde. Andersherum ausgedrückt:

Die unpersönliche deutsche Konstruktion „man ..." wird im Englischen sehr oft mit dem Passiv wiedergegeben (1, 2).

1.6.3 Die *-ing*-Form im Passiv

Auch in dieser Form wird ein wichtiger Unterschied zum Deutschen sichtbar:

1. I'm being served, thanks.	Danke, ich werd' schon bedient.
2. The lift was being repaired and we had to walk up the stairs.	Der Lift wurde gerade repariert, und wir mussten die Treppe zu Fuß hinaufgehen.

Die -ing-Form im Passiv ist nur in der Gegenwart (Subjekt + am / are / is being + Past Participle) und in der Vergangenheit (Subjekt + was / were being + Past Participle) geläufig (1, 2).

1.6.4 Besondere Konstruktionen im Passiv

Nun ein paar typisch englische Passivkonstruktionen:

1. I enjoy being spoilt by rich women.	Ich genieße es, von reichen Frauen verwöhnt zu werden.
2. Aren't you a bit old to be taken to school by your mother?	Sind Sie nicht ein bisschen alt, um von Ihrer Mutter in die Schule gebracht zu werden?
3. That must be done at once.	Das muss sofort getan werden.

Das englische Passiv wird auch in der -ing-Form als Gerundium[1] (being + Past Participle) (1), im Infinitiv mit to (to be + Past Participle) (2) sowie nach Hilfsverben (Hilfsverb + be + Past Participle) verwendet (3).

4. He is believed to be ill.	Er soll krank sein.
5. He is known to be an excellent student.	Man kennt ihn als ausgezeichneten Studenten.

[1] vgl. Kapitel 1.7, S. 39 ff.

6. Paul is said to know everything about computers. — Paul soll alles über Computer wissen.

Anders als im Deutschen wird diese Form des Passivs *nach bestimmten Verben, wie z.B.* believe, consider, declare, expect, know, report, say, suppose *und* think *benutzt. Im Deutschen wird häufig ein Satz mit „dass" oder mit „soll(en)" verwendet (4–6).*

Drei Passivkonstruktionen werden mit Verben des Sagens, Meinens und Behauptens oft verwendet:

• Subjekt	+	Passiv	+	Infinitivkonstruktion
The suspect		is known		to be staying there.
• *there*	+	Passiv	+	Infinitivkonstruktion
There		are said		to have been casualties.
• *it*	+	Passiv	+	*that*-Konstruktion
It		is thought		that they will agree.

Hier eine Liste wichtiger Verben, die in diesen Konstruktionen häufig verwendet werden. Aus Platzgründen geben wir sie jeweils in der dritten der oben genannten Konstruktionen an – die anderen beiden sind aber ebenfalls möglich:

it is acknowledged	es wird anerkannt
it is alleged	es wird behauptet
it is believed	man glaubt
it is claimed	es wird behauptet
it is feared	es wird befürchtet
it is felt	man meint
it is known	man weiß
it is recognized	es wird anerkannt
it is reported	es wird berichtet
it is said	man sagt
it is supposed	es wird vermutet
it is thought	man glaubt/man meint
it is understood	es wird angenommen

1.6.5 Das abgekürzte Passiv

Das Passiv kann auch gekürzt werden:

1. I'd like this miniskirt [to be] shortened, please. — Ich möchte diesen Minirock bitte kürzen lassen.
2. I think they'd prefer their snails [to be] cooked. — Ich glaub', sie hätten ihre Weinbergschnecken lieber gekocht.

Bei Wünschen *wird die Passivkonstruktion oft durch das Weglassen von* to be *gekürzt (1, 2).*

Bei Schildern u. ä. sowie in Zeitungsüberschriften ist der Kürzungsprozess aus Platzgründen manchmal noch radikaler:

3. English spoken	Hier wird Englisch gesprochen. / Wir sprechen Englisch.
4. EC cheques accepted	Wir akzeptieren Euroschecks.
5. Cars washed for only $2	Autowäsche nur $2
6. Union boss sacked	Gewerkschaftsboss gefeuert

Bei Schildern und Hinweisen *(3 – 5) sowie* Schlagzeilen *(6) wird das Passiv oft durch Weglassen des Verbs to be gekürzt.*

1.7 Die *-ing*-Form als Gerundium und der Infinitiv

1.7.1 Die Bildung des Gerundiums

Die Bildung des Gerundiums haben wir bereits ausführlich geübt – sie entspricht der *-ing*-Form (vgl. Kapitel 1.1, S. 5 – 7).

Aktive Gegenwartsform	*riding* (das) Reiten

1.7.2 Der Gebrauch der *-ing*-Form als Gerundium

In diesem Kapitel beschäftigen wir uns mit dem aktiven Gerundium. Hier hat die *-ing*-Form eine andere Funktion als bisher. Sehen Sie sich dazu folgendes Beispiel an:

1. Travelling in buses always makes me feel sick.	Beim Busfahren wird mir immer schlecht.

Das Gerundium ist streng genommen kein Verb, sondern ein Substantiv, das aus einer Verbform gebildet wurde (1). Das erkennt man an der Übersetzung („Busfahren").

Auch deutsche Fremdwörter wie „Shopping", „Jogging", „Training" usw. sind nichts anderes als englische Gerundiumformen, die ins Deutsche übernommen wurden.

Noch ein Beispiel dieser substantivierten Verbform:

2. He says his favourite activity is lying, but I don't know whether to believe him or not.	Er sagt, seine Lieblingsbeschäftigung sei das Lügen, aber ich weiß nicht, ob ich ihm glauben soll oder nicht.

Nicht immer ist die Übersetzung des Gerundiums mit einem Substantiv im Deutschen die eleganteste Lösung. So könnte die deutsche Entsprechung für Beispiel 1 auch lauten: *Wenn ich mit dem Bus fahre, wird mir immer schlecht.*

Wir wenden uns jetzt den Fällen zu, bei denen die beiden Sprachen voneinander abweichen.

1.7.3 Die *-ing*-Form als Gerundium nach Verben

1. I miss going to my body-building classes on Thursday evenings.	Ich vermisse es, donnerstagabends zum Bodybuilding zu gehen.

Ein typischer Fehler bei Englischlernenden ist der Gebrauch des *to*-Infinitivs in solchen Fällen anstelle der *-ing*-Form.

Hier noch ein paar Beispiele, in denen die *ing*-Form verwendet werden muss, auch wenn Deutschsprachige oft zum *to*-Infinitiv neigen:

2. She avoided looking the headmaster in the eyes.	Sie vermied es, dem Direktor in die Augen zu sehen.
3. He suggested flying to Malta instead of Libya.	Er schlug vor, statt nach Libyen nach Malta zu fliegen.

Eine Reihe von Verben wird mit der *-ing*-Form und *nicht* mit dem Infinitiv (wie im Deutschen) verbunden (1 – 3). Hier eine Liste der wichtigsten[1]:

admit doing s.th.	zugeben, etw. getan zu haben
appreciate s.o. doing s.th.	zu schätzen wissen, dass jmd. etw. macht
avoid doing s.th.	es vermeiden, etw. zu tun
consider doing s.th.	erwägen/daran denken, etw. zu tun
delay doing s.th.	etw. verschieben, aufschieben
dislike doing s.th.	es nicht mögen, etw. zu tun
enjoy doing s.th.	es genießen, etw. zu tun
excuse s.o. doing s.th.	entschuldigen, dass jmd. etw. tut
feel like doing s.th.	Lust haben, etw. zu tun
finish doing s.th.	mit etw. fertig werden/etw. abschließen
give up doing s.th.	aufhören/(es) aufgeben, etw. zu tun
I (usw.) can't help doing s.th.	ich (usw.) kann nichts dafür, dass ich etw. tue/ich muss einfach etw. tun
imagine doing s.th.	sich vorstellen, etw. zu tun
it involves doing s.th.	es erfordert, etw. zu tun
it means doing s.th.	es bedeutet, etw. zu tun
keep (on) doing s.th.	nicht aufhören, etw. zu tun
mind doing s.th.	etw. dagegen haben, etw. zu tun
miss doing s.th.	(es) vermissen, etw. zu tun
postpone doing s.th.	etw. verschieben
practise doing s.th.	etw. üben
prevent s.o. doing s.th.	verhindern, dass jmd. etw. tut
risk doing s.th.	riskieren, etw. zu tun
s.th. needs doing	etw. muss getan werden
suggest doing s.th.	vorschlagen, etw. zu tun
think of doing s.th.	erwägen/daran denken, etw. zu tun

[1] Weitere wichtige Verbindungen finden Sie im Abschnitt 1.7.5, S. 42 – 43.

Ein letztes Beispiel für diesen Gebrauch:

4. And so the prince and princess lived happily ever after until the newspapers started speculating on their marital problems.

Der Prinz und die Prinzessin lebten glücklich und zufrieden weiter, und wenn sie nicht gestorben sind, dann leben sie noch heute – nur dass die Presse irgendwann mal angefangen hat, über ihre Eheprobleme zu spekulieren …

1.7.4 Die *-ing*-Form als Gerundium nach Konjunktionen

Die *-ing*-Form erscheint auch in Sätzen wie den folgenden:

1. Instead of coming to me, he went straight to the boss. — Statt zu mir zu kommen, ist er direkt zum Chef gegangen.
2. Shake the bottle well before opening it. — Vor Gebrauch die Flasche gut schütteln.
3. On hearing of his mother-in-law's arrival, he hid in the garden shed. — Als er von der Ankunft seiner Schwiegermutter erfuhr, versteckte er sich im Gartenschuppen.

Folgt eine Verbform auf eine Konjunktion[1], so steht sie in der *-ing*-Form (1 – 3). Hier eine Liste wichtiger Konjunktionen:

after	nach(dem)
before	bevor; vor
besides	abgesehen davon, dass
by	indem; dadurch, dass
in spite of / despite	trotz; obwohl
instead of	(an)statt
on	bei; als
without	ohne

[1] Das ist ein Ausdruck, der Begriffe, Satzteile oder Wortgruppen verbindet, oft mit dem Zweck, einen Satz oder Sätze zu verkürzen.

1.7.5 Die -*ing*-Form als Gerundium nach Präpositionen

1. Steffi's good at playing tennis.	Steffi ist eine gute Tennisspielerin.
2. I'm tired of testing you on your Chinese vocabulary.	Ich hab' es satt, dich deine chinesischen Vokabeln abzufragen.
3. You're interested in going to Ireland, aren't you?	Du bist daran interessiert, nach Irland zu fahren, oder?

Steht eine Verbform unmittelbar nach einer Präposition (einem Verhältniswort wie in, of, through *usw.), erscheint sie im Gerundium (also in der* -ing-*Form) (1–3).*

Diese Präpositionen erscheinen typischerweise in bestimmten festen Verbindungen, die man als Vokabeln lernen sollte. Jeweils eine vollständige Liste für alle Kategorien aufzuführen, würde den Rahmen dieser Grammatik sprengen. Deshalb bieten wir Ihnen stellvertretend einige typische Beispiele an.

Die -ing-*Form* nach *Substantiv* + *Präposition:*

be in danger of doing s.th.	Gefahr laufen, etw. zu tun
have difficulty in doing s.th.	sich bei etw. schwer tun
for fear of doing s.th.	aus Angst davor, etw. zu tun
live in fear of doing s.th.	in der Angst leben, etw. zu tun
in the hope of doing s.th.	in der Hoffnung, etw. zu tun
have the opportunity of doing s.th.[1]	die Gelegenheit haben, etw. zu tun
run the risk of doing s.th.	riskieren / Gefahr laufen, etw. zu tun

Die -*ing*-Form nach Adjektiv + Präposition:

be afraid of doing s.th.	vor etw. Angst haben
be bad/good at doing s.th.	in etw. schlecht/gut sein
be (in)capable of doing s.th.	(un)fähig sein, etw. zu tun
be famous for doing s.th.	dafür berühmt sein, etw. zu tun bzw. getan zu haben
be fond of doing s.th.	etw. gern tun; etw. mögen
be interested in doing s.th.	daran interessiert sein, etw. zu tun
be keen on doing s.th.	etw. sehr gern tun
be responsible for doing s.th.	für etw. verantwortlich sein
be tired of doing s.th.	es satt haben, etw. zu tun

Die -*ing*-Form nach Verb + Präposition:

apologise for doing s.th.	sich für etw. entschuldigen
believe in doing s.th.	daran glauben, dass man etw. tun sollte
dream of doing s.th.	davon träumen, etw. zu tun
prevent s.o./s.th. from doing s.th.	jmdn./etw. daran hindern, etw. zu tun
specialize in doing s.th.	sich auf etw. spezialisieren

[1] *have the opportunity to do s.th.* ist ebenso möglich.

think of doing s.th.	daran denken, etw. zu tun; sich überlegen, ob man etw. vielleicht tut
worry about doing s.th.	sich darüber Sorgen machen, dass man etw. tun muss

1.7.6 Das Gerundium nach der Präposition *to*

Das Wort *to* tritt sowohl als Teil des Infinitivs von Verben (*to run, to eat* usw.) als auch als normale Präposition (*go to school, give it to me* usw.) auf. Es gibt auch eine Reihe von Ausdrücken, mit denen die Präposition *to* fest verbunden ist, wie z.B. in folgendem Satz:

1. I'm looking forward to seeing you learn to ski.	Ich freue mich darauf, dir beim Skiunterricht zuzusehen.

Möglicherweise sind Sie hier über die Konstruktion *to seeing* gestolpert. Müsste es nicht *to see* heißen? In diesem Fall nicht, denn hier ist das Wort *to* nicht Bestandteil des Infinitivs (als sogenannte „Partikel"), sondern eine Präposition, und muss deshalb mit der *-ing*-Form verbunden werden.
Woran erkennt man aber, ob *to* eine Partikel (vor einem Infinitiv) oder eine Präposition (vor der *-ing*-Form) ist? Auf eine Präposition kann ein Substantiv oder ein Pronomen (wie *it, him, them*) folgen, aber wenn *to* Teil eines Infinitivs ist, ist das nicht möglich. Kann also ein Substantiv auf das *to* folgen, ist die richtige Verbform immer die *-ing*-Form und nicht der Infinitiv.

Nach einer Reihe von Ausdrücken mit *to* steht die *-ing*-Form (1–3). Hier die wichtigsten:

be used to doing s.th.	gewohnt sein, etw. zu tun
get used to doing s.th.	sich daran gewöhnen, etw. zu tun
look forward to doing s.th.	sich darauf freuen, etw. zu tun

1.7.7 Der Infinitiv mit *to*

Der Infinitiv ist im Englischen sehr häufig anzutreffen und wird oft wie sein deutsches Äquivalent benutzt:

1. Do you want to talk to my boss now?	Möchten Sie jetzt mit meinem Chef sprechen?
2. He promised to phone me.	Er hat versprochen, mich anzurufen.

Der Infinitiv mit *to* kann nach diesen Verben stehen:

afford	sich leisten	decide	(sich) entscheiden
agree	zustimmen	deserve	verdienen
arrange	arrangieren	forget	vergessen
ask	fragen	hope	hoffen

learn	lernen	refuse	sich weigern
manage	(es) schaffen	seem	scheinen
offer	anbieten	threaten	bedrohen
plan	planen	want, wish	wünschen, wollen
promise	versprechen		

3. It is hard to believe, but he is unable to help us. — Es ist kaum zu glauben, aber er kann uns nicht helfen.
4. It is difficult to find a good man. — Es ist schwierig, einen guten Mann zu finden.

> *Der Infinitiv mit* to *folgt auch Adjektiven (3, 4).*

5. I think he's the best man to do the job. — Ich glaube, er kann die Arbeit am besten erledigen.

> *Der Infinitiv mit* to *folgt Superlativen (5).*

6. He is always the first to come and the last to go. — Er kommt immer als Erster und geht als Letzter.

> *Der Infinitiv mit* to *folgt bestimmten Zahlwörtern wie* first, last *usw. (6)*

7. Can I borrow a book to read? — Kann ich ein Buch zum Lesen ausleihen?
8. Have you got something to sit on? — Hast du etwas, worauf ich sitzen könnte?

> *Der Infinitiv mit* to *wird sehr oft nach Substantiven oder Pronomen benutzt, besonders um Sätze zu straffen oder zu verkürzen (7, 8). Etwas umständlich wirkende Relativsätze z. B. können durch diese Konstruktion ersetzt werden; dabei wird meist ein Zweck ausgedrückt. Am Satzende kann auch eine Präposition stehen, die auf das Substantiv / Pronomen verweist.*

9. He didn't know what to do and where to go. — Er hat nicht gewusst, was er tun sollte oder wohin er gehen sollte.
10. Can you show me how to open this bottle? — Kannst du mir zeigen, wie ich diese Flasche öffnen soll?

> *Auch Nebensätze, die mit* what, when, where, whether, which *und* how *beginnen, können durch die Infinitivkonstruktion verkürzt werden. Häufig geschieht dies nach Verben wie* ask, know, learn, show, teach, tell *und* understand *(9, 10).*

1.7.8 *used to*

Auf *used to* müssen wir etwas genauer eingehen, denn dieser Ausdruck hat zwei ganz unterschiedliche Bedeutungen und bereitet Englischlernenden oft Schwierigkeiten. Vergleichen Sie folgende Beispiele:

1. I used to go and see my grandmother every afternoon. — Früher besuchte ich meine Großmutter jeden Nachmittag.
2. I'm used to working in a tiny airless office. — Ich bin es gewohnt, in einem winzigen, stickigen Büro zu arbeiten.

3. He says he can't get used to losing to the children at chess all the time. — Er sagt, er kann sich nicht daran gewöhnen, beim Schach dauernd gegen die Kinder zu verlieren.

used to + *Infinitiv* = *früher* ... (1)

- erscheint *nur in der Vergangenheit*
- bezieht sich auf wiederholte bzw. gewohnheitsmäßige Handlungen sowie länger andauernde Zustände
- es heißt in der verneinten Form:

I didn't use(d) to visit my grandmother.
Oder: I never used to visit my grandmother. — Früher habe ich meine Großmutter nicht/nie besucht.

be used to + -ing-*Form* = *gewohnt sein zu* (2)
get used to + -ing-*Form* = *sich daran gewöhnen zu* (3)

- können *in jeder Zeitform* vorkommen

They were used to living in the wilds. — Sie waren es gewohnt, in der Wildnis zu leben.

You'll get used to surviving on five hours of sleep. — Du wirst dich daran gewöhnen, mit fünf Stunden Schlaf auszukommen.

Noch ein kleiner Tipp zur besseren Einprägung:

- *Kürzere Form* used to mit knappem Infinitiv:

  She used (1 2) to sing (1 2) in the bath. — Früher sang sie im Bad.

- *Längere Form* be/get used to mit längerer -ing-*Form*:

  She was used (1 2 3) to singing (1 2 3) in the bath. — Sie war es gewohnt, dass im Bad gesungen wird.

1.7.9 Verben, die mit der *-ing*-Form und dem Infinitiv verbunden werden

1. She suddenly started crying/to cry in the middle of the film. — Sie fing mitten im Film plötzlich zu weinen an.

Einige Verben können sowohl mit dem Infinitiv als auch mit der -ing-Form verbunden werden, und zwar ohne wesentlichen Bedeutungsunterschied *(1). Dazu zählen vor allem:*

begin	beginnen, anfangen	continue	fortfahren
start	beginnen, anfangen	intend	vorhaben

Bei einigen anderen Verben wird die Wahl zwischen *-ing*-Form und Infinitiv durch den Inhalt der Aussage bestimmt:

2. I like swimming. — Ich schwimme gern.
3. I'd like to buy a car. — Ich möchte ein Auto kaufen.

4. "That's an excellent suggestion, Miss Triggs. Perhaps one of the men here would like to make it."

„Das ist ein ausgezeichneter Vorschlag, Miss Triggs. Vielleicht möchte einer der Herren hier ihn jetzt machen."

Folgende Verben können sowohl mit dem Infinitiv als auch mit der -ing-Form verbunden werden:

like	(es) mögen	hate	(es) hassen
love	(es) lieben	prefer	(es) vorziehen

Die -ing-Form wird in der Regel bei allgemeinen Aussagen *verwendet (2).*
Der Infinitiv wird bei konkreten Einzelfällen *gebraucht. Diese werden fast immer durch* would *bzw. die Abkürzung* 'd *eingeleitet (3, 4).*

Schließlich gibt es eine Reihe von Verben, die ganz unterschiedliche Bedeutungen haben, je nachdem, ob sie mit der *-ing*-Form oder dem *to*-Infinitiv erscheinen. Hier die wichtigsten:

-ing-*Form*	*Infinitiv*
go on	
He went on talking even though the hall was almost empty. *Er redete weiter, obwohl der Saal fast leer war.*	She went on to say how boring it had all been. *Dann sagte sie, wie langweilig das Ganze gewesen sei.*
go on doing s.th. *etw. weiterhin tun; mit etw. fortfahren* • bedeutet, dass eine schon begonnene Handlung fortgesetzt wird	go on to do s.th. *etw. (Neues/Weiteres) tun/sagen usw.* • dient sozusagen als *Auftakt* zu etw. *Neuem* und entspricht oft dem deutschen „dann" oder „als nächstes"

remember, forget	
I remember dancing with you last summer. *Ich erinnere mich daran, letzten Sommer mit Ihnen getanzt zu haben.*	Did you remember to take your hay-fever tablet? *Hast du daran gedacht, deine Heuschnupfentablette einzunehmen?*
I'll never forget breaking my left leg during the tango. *Ich werde nie vergessen, wie ich mir beim Tango das linke Bein gebrochen habe*	Don't forget to switch the answerphone on. *Vergiss nicht, den Anrufbeantworter einzuschalten.*
remember doing s.th. *sich daran erinnern, etw. getan / erlebt zu haben* never forget doing s.th. *nie vergessen, wie …* • beziehen sich nur auf etwas Vergangenes	remember to do s.th. *daran denken / nicht vergessen, etw. zu tun* forget to do s.th. *vergessen, etw. zu tun* • können in jeder Zeit vorkommen

stop	
I finally stopped smoking last week. *Letzte Woche habe ich endlich mit dem Rauchen aufgehört.*	I stopped at a shop doorway to light up a cigarette. *Ich hielt an einem Ladeneingang an, um mir eine Zigarette anzuzünden.*
stop doing s.th. *aufhören, etw. zu tun; mit etw. aufhören*	stop to do s.th. *anhalten / innehalten, um etw. (<u>anderes</u> / <u>Neues</u>) zu tun*

try	
– "I can't get this car to move." – "Try releasing the handbrake." – *„Ich kann diesen Wagen nicht bewegen."* – *„Versuch' doch mal, die Handbremse zu lösen!"*	I've been trying to ring her for an hour, but her phone's engaged. *Seit einer Stunde versuche ich sie anzurufen, aber die Leitung ist besetzt.*
try doing s.th. *es mit etw. versuchen; etw. ausprobieren* • Hier geht es um eine *Möglichkeit*, oft in Form eines *Vorschlags*. • wird im Deutschen oft mit *„Versuch('s) doch mal (mit) …"* ausgedrückt.	try to do s.th. *versuchen / sich bemühen, etw. zu tun* • Betonung der Schwierigkeit / der Herausforderung

1.7.10 Die -*ing*-Form als Gerundium in festen Redewendungen

Zum Abschluss noch einige häufig verwendete formelhafte Redewendungen, die mit der -*ing*-Form gebraucht werden:

1. It's great fun learning English grammar with this book. — Mit diesem Buch englische Grammatik zu lernen macht Riesenspaß.
2. I can't help being pretty – it's in my genes. — Ich kann nichts dafür, dass ich hübsch bin – das ist genetisch bedingt.

3. Thank you for not tapping.

Bitte nicht klopfen, danke!

Auf eine Reihe von Redewendungen folgt die -*ing*-Form (1 – 3). Hier die wichtigsten:

be busy -ing	damit beschäftigt sein zu …
I (*usw.*) can't help -ing	ich (usw.) kann nichts dafür, dass ich …
I (*usw.*) can't stand -ing	ich (usw.) kann es nicht ausstehen zu …
I (*usw.*) don't mind -ing	ich (usw.) habe nichts dagegen zu /, wenn ich …
it's bad enough -ing	es ist schlimm genug, dass …
it's (good/great) fun -ing	es macht (großen / riesigen) Spaß zu …
it's no use -ing, it's no good -ing, there's no point in -ing	es hat keinen Sinn zu …
it's worth / worthwhile -ing	es lohnt sich zu …
spend one's time -ing	seine Zeit damit verbringen zu …
take interest in -ing	daran interessiert sein, etw. zu tun
thanks / thank you for -ing	vielen Dank dafür, dass du / Sie …
what's the point in -ing?	was hat es für einen Sinn zu …?
what's the use of -ing?	was nützt es, wenn …?

4. It's for cleaning windows. — Er/Sie/Es ist zum Fensterputzen.
5. They're for opening bottles. — Sie sind/dienen zum Flaschenöffnen.

Diese idiomatischen Wendungen werden im Englischen benutzt, um den Zweck von Sachen oder Gegenständen anzugeben, und entsprechen den deutschen „zu(m) …"

1.8 Das Partizip

Da das Partizip Merkmale sowohl des Adjektivs als auch des Verbs aufweist, ist es im Deutschen auch als Mittelwort bekannt.
Deutsche Beispiele für Partizipien sind z. B. „fahrend" und „gefahren". Das Hauptproblem beim Gebrauch der englischen Partizipien liegt darin, dass diese wesentlich häufiger verwendet werden als ihre deutschen Entsprechungen.
Zunächst aber eine Übersicht über die verschiedenen Formen des englischen Partizips.

1.8.1 Die Bildung der verschiedenen Partizipformen

Da Uneinigkeit über die deutsche Übersetzung von *Past Participle* herrscht, lassen wir bewusst alle Bezeichnungen der Partizipien auf Englisch stehen.

aktiv		*passiv*
1. asking	*Present Participle*	4. being asked
2. asked	*Past Participle*	5. asked
3. having asked	*Perfect Participle*	6. having been asked

Und die Regeln zur Bildung dieser Formen:

- *Das* Present Participle *im Aktiv ist die* -ing-*Form* *des Verbs (1).*
- *Das* Past Participle *im Aktiv und im Passiv wird bei regelmäßigen Verben durch Anhängen von* -ed *an die Grundform des Verbs gebildet*[1] *(2, 5).*
- *Das* Perfect Participle *im Aktiv besteht aus* having + Past Participle *(3).*
- *Das* Present Participle *im Passiv wird aus* being + Past Participle *gebildet (4).*
- *Das* Perfect Participle *im Passiv besteht aus* having been + Past Participle *(6).*

In diesem Kapitel geht es uns in erster Linie um das *Present Participle* im *Aktiv* (*asking* = fragend) und um das *Past Participle* (*asked* = gefragt).

1.8.2 Der Gebrauch der Partizipien

1. Listen, that sounds like running water. — Hör mal, es klingt, als ob da Wasser fließt!

[1] Zur Bildung des *Past Participle* vgl. auch Kapitel 1.3, S. 18 und die Tabelle auf S. 146 – 147.

2. There were some very moving scenes in the movie.	Der Film hatte einige ergreifende Szenen.
3. He's just a frustrated actor.	Er ist ja bloß ein frustrierter Schauspieler.
4. Yet another satisfied customer.	Schon wieder ein zufriedener Kunde!

Das Present Participle und das Past Participle werden oft – ähnlich ihren deutschen Entsprechungen – wie Adjektive verwendet und mit Substantiven verbunden (1–4).

Ein sehr häufiger Gebrauch des *Present Participle* ist folgender:

5. I left him crying into his beer.	Als ich wegging, weinte er in sein Bier.
6. She saw you hitting your little brother.	Sie hat gesehen, wie du deinen kleinen Bruder geschlagen hast.
7. Did you feel the house shaking?	Hast du gespürt, wie das Haus bebte?
8. I caught him stealing sweets from the kids' jar.	Ich hab' ihn erwischt, wie er den Kindern Süßigkeiten aus der Dose gestohlen hat.

Das Present Participle kann, im Gegensatz zum Deutschen, nach Verben wie folgenden stehen:

catch	erwischen	keep	lassen
find	finden	leave	(ver)lassen

sowie nach den Wahrnehmungsverben:

feel	fühlen, spüren	smell	riechen
hear	hören	notice	bemerken
listen to	zuhören, hören	observe	beobachten
see	sehen	watch	beobachten, sehen

Die Satzstruktur sieht dabei wie folgt aus:

	Verb	+	Objekt	+	*Present Participle*	(5–8)
We	found		Phil		reading	his comics.
I	could hear		him		talking	to himself.

Im Deutschen steht häufig ein Infinitiv oder eine Konstruktion mit „wie" oder „bei" *(Wir fanden Phil beim Lesen seiner Comic-Hefte; Ich hörte, wie er mit sich selber redete).*

Beachten Sie auch:

9. I heard him scream when the doctor touched him.	Ich hörte ihn schreien, als ihn der Arzt berührte.

Nach Verben der Sinneswahrnehmung, wie feel, hear, listen to, notice, see und watch, können auch der Infinitiv (ohne to) und die -ing-Form benutzt werden. Dabei wird durch den Gebrauch des Infinitivs hervorgehoben, dass ein Ereignis von Anfang bis

Ende, d.h. als eine abgeschlossene Handlung erlebt wurde. Die -ing-Form betont hingegen, dass ein Geschehen andauerte oder mitten in seinem Verlauf wahrgenommen wurde.

1.8.3 Das Partizip zur Verkürzung von Nebensätzen

Nun zu einer weiteren Verwendung des *Present Participle* und des *Past Participle.* Häufig dienen diese dazu, einen Satz auf elegante Weise zu kürzen:

1. Diving deeper, I suddenly saw the wreck of a ship. — Als ich tiefer tauchte, sah ich plötzlich das Wrack eines Schiffs.
2. Writing a chapter a week, Jeff finished the book in six months. — Jeff schrieb jede Woche ein Kapitel, und in einem halben Jahr hatte er das Buch fertig.
3. Totally surprised, I simply did not know what to say. — Ich war total überrascht und wusste einfach nicht, was ich sagen sollte.

Das Present Participle *und das* Past Participle *können zur Verkürzung von* Nebensätzen *verwendet werden (1–3).*
Voraussetzung dafür: beide Satzteile haben dasselbe Subjekt.
Im Deutschen steht dafür oft ein Nebensatz *mit „da", „als", „indem", „und" o. ä.*

1.8.4 Das Partizip zur Verkürzung von Relativsätzen

Relativsätze (die in Kapitel 4.5 ausführlich behandelt werden) können ebenfalls mit Hilfe von Partizipien „verkürzt" werden:

1. I don't like the look of those men who are standing outside Mrs Martin's house. — Die Männer, die vor dem Haus von Mrs. Martin stehen, kommen mir etwas verdächtig vor.

   ↓

   I don't like the look of those men standing outside Mrs Martin's house.

Noch ein paar Beispiele, bei denen diesmal der entbehrliche Satzteil eingeklammert ist:

2. That little boy (who is) throwing dirt at the other children is my son. — Der kleine Junge, der die anderen Kinder mit Dreck bewirft, ist mein Sohn.
3. The building (that was) originally situated here was a dry cleaner's. — Das Haus, das ursprünglich hier stand, war eine chemische Reinigung.

Das Present Participle *und das* Past Participle *werden auch verwendet, um Relativsätze zu verkürzen (1–3).*
Das Partizip befindet sich dabei unmittelbar hinter dem Substantiv, auf das es sich bezieht (1, 2), bzw. hinter dem Adverb (3).

1.9 Bedingungssätze (*if*-Sätze)

1.9.1 Grundtypen

Wie im Deutschen gibt es drei Grundtypen der Bedingungssätze (auch *if*-Sätze genannt):

Typ 1	
If you pay him *Wenn du ihn bezahlst,*	he will do it. *wird er es machen.*
if-Satz	Hauptsatz
einfache Gegenwart	*will*-Zukunft
Typ 2	
If you paid him *Wenn du ihn bezahlen würdest* (oder *bezahltest),*	he would do it. *würde er es machen.*
if-Satz	Hauptsatz
einfache Vergangenheit	*would* + Infinitiv ohne *to*
Typ 3	
If you had paid him *Wenn du ihn bezahlt hättest,*	he would have done it. *hätte er es gemacht.*
if-Satz	Hauptsatz
Past Perfect (had + Past Participle)	*would have + Past Participle*

Ebenfalls wie im Deutschen kann der *if*-Satz am Anfang des Satzes stehen oder später im Satz erscheinen. Es hätte also ebenfalls heißen können:

He would have done it <u>if you had paid him</u>.

1.9.2 *would* im *if*-Satz

Bei *if*-Sätzen vom Typ 2 ist Vorsicht geboten, denn Deutschsprachige neigen oft dazu, nach dem deutschen Muster *would* im *if*-Satz zu verwenden:

Wenn du gelegentlich anrufen würdest, wüsstest du, was los ist.

Das heißt aber auf Englisch:

If you <u>rang</u> up occasionally you would know what was going on.

Im if-*Satz erscheint* would *fast nie!!*

Eine Ausnahme bildet eine Formulierung wie folgende:

1. I would be very grateful if you would deal with the matter personally.	Ich wäre Ihnen sehr dankbar, wenn Sie sich der Sache persönlich annehmen würden.

Bei höflichen Bitten (besonders in Briefen) ist would im if-Satz relativ geläufig (3), außer bei Verben, die „statische Zustände" ausdrücken.

1.9.3 Allgemeines

In Bedingungssätzen werden – besonders in der gesprochenen Sprache – sehr häufig die Kurzformen verwendet. In Kapitel 1.5 über die Zukunftsformen (S. 28 ff.) wurde die Kurzform von *will*, nämlich *'ll* (*he'll, they'll, I'll* usw.), bereits erläutert. Auch *would* wird häufig zu *'d* abgekürzt (*she'd, you'd, we'd* usw.).
Nun zum Komma in den Bedingungssätzen. Das Komma im Englischen dient in erster Linie dazu, Sprechpausen anzudeuten und den Satz in „Sinneinheiten" aufzuteilen.

1. If you can read this you are reversing into me.

   Wenn Sie das lesen können, fahren Sie gerade rückwärts in mich hinein.

2. If you think I'm going to wash all your blouses and then pack your case for you, you're wrong.	Wenn du meinst, dass ich dir sämtliche Blusen wasche und dann noch deinen Koffer packe, dann irrst du dich!

Kurze if-Sätze am Anfang des Satzes haben meistens kein Komma vor dem Hauptsatz (1).
Bei längeren if-Sätzen am Satzanfang dagegen erscheint meistens ein Komma vor dem Hauptsatz (2).

3. I'll take you there if you show me the way.	Ich bringe dich hin, wenn du mir den Weg zeigst.
4. I'll put on something a bit more comfortable, if that's all right with you.	Ich zieh' mir schnell etwas Bequemeres an, wenn du nichts dagegen hast.

Wenn der if-Satz auf den Hauptsatz folgt, steht zwischen Hauptsatz und Nebensatz (if-Satz) kein Komma (3).
Ausnahme: Es kommt eine deutliche Sprechpause dazwischen (4).

1.9.4 Varianten: Typ 1

1. If the weather is all right, we might go to the boat race.	Wenn das Wetter mitspielt, gehen wir vielleicht zum Bootsrennen.
2. If it rains tomorrow, stay at home.	Wenn es morgen regnet, bleib zu Hause.

Bei Typ 1-Sätzen kann im Hauptsatz statt der will-*Zukunft ein unvollständiges Hilfsverb*[1] *(1) oder die Befehlsform*[2] *(2) erscheinen.*
Im ersten Beispiel hätte auch … we could/may/can/ought to/should/must go to the boat race *stehen können.*

3. If Richard is working at the moment he won't be able to come with us.	Wenn Richard gerade arbeitet, wird er nicht mitkommen können.
4. If you've read the chapter, why don't you know the answer?	Wenn du das Kapitel gelesen hast, wieso weißt du die Antwort nicht?

Bei Typ 1 kann im if-*Satz selbst statt der einfachen Gegenwart die* -ing-*Form der Gegenwart (3) (auch mit Zukunftsbedeutung) oder das* Present Perfect *(4) stehen.*

1.9.5 Varianten: Typ 2

1. If I were you I wouldn't answer the phone.	Ich an deiner Stelle würde nicht ans Telefon gehen.

In Typ 2-Sätzen kann nach I *oder* he/she/it *statt* was *der etwas formellere Konjunktiv* were *stehen.*
Dies gilt besonders, wenn man sich in die Lage einer anderen Person versetzt (1).

Auch bei Typ 2 können die Hilfsverben verwendet werden:

2. If you came round before five you could see him.	Wenn du vor fünf vorbeischauen würdest, könntest du ihn sehen.

Bei Typ 2-Sätzen können im Hauptsatz statt would *bestimmte unvollständige Hilfsverben erscheinen (2). Im angegebenen Beispiel hätte auch …* you might/ought to/should see him *stehen können.*

1.9.6 Varianten: Typ 3

1. If her husband hadn't been a politician, she might have had a career as a jazz singer.	Wenn ihr Mann nicht Politiker gewesen wäre, hätte sie vielleicht eine erfolgreiche Karriere als Jazzsängerin gehabt.

Bei Typ 3-Sätzen können im Hauptsatz statt would have *bestimmte unvollständige Hilfsverben erscheinen (1). Im angegebenen Beispiel hätte auch …*she may/could/ought to/should have had a career *stehen können.*

---

[1]vgl. Kapitel 1.10, S. 55 ff.; [2]vgl. Kapitel 1.12, S. 70 ff.

1.9.7 *unless*

Bedingungssätze, die mit *unless* anfangen, haben einen etwas bestimmteren Ton:

1. I'm not going inside unless you tie your Rottweilers up. (= If you don't tie your Rottweilers up, I'm not going inside.)	Ich gehe nicht hinein, wenn du deine Rottweiler nicht anbindest.
2. Unless his eating habits improve, I'm going to divorce him. (= If his eating habits don't improve, I'm going to divorce him.)	Wenn sich seine Essgewohnheiten nicht verbessern, lasse ich mich von ihm scheiden.

Unless hat die Bedeutung „außer wenn", „es sei denn", „erst dann" usw. und wird oft verwendet, um ein Ultimatum zu stellen (1, 2).

In Sätzen wie dem folgenden ist die Ersetzung von *if … not* durch *unless* nicht möglich, weil *if … not* nicht im Sinne von „außer wenn" bzw. „es sei denn" gebraucht wird:

3. He'd make a good photographer if he didn't keep forgetting to put a film in the camera.	Er wäre ein guter Fotograf, wenn er nicht dauernd vergessen würde, einen Film in die Kamera einzulegen.

1.10 Die unvollständigen Hilfsverben

In diesem Kapitel geht es uns um die englischen Entsprechungen der deutschen Verben wie „können", „dürfen", „sollen" usw.:

1. She should take more care!	Sie sollte besser aufpassen!
2. Could you help me, please?	Könnten Sie mir bitte mal helfen?
3. You mustn't smoke.	Du darfst nicht rauchen.
4. He can speak very good Japanese.	Er kann sehr gut Japanisch.
5. You won't be able to play polo any more.	Sie werden nicht mehr Polo spielen können.

Die unvollständigen Hilfsverben sind dadurch gekennzeichnet, dass sie:
- *kein -s in der 3. Person Singular des einfachen Präsens haben (1, 4);*
- *bei Fragen und in der Verneinung keine Umschreibung mit do verlangen (2, 3). Folgende Kurzformen sind in der Verneinung sehr gebräuchlich:* can't (= cannot), couldn't (= could not), shouldn't (= should not) *und* mustn't (= must not);
- *mit einem Vollverb verbunden werden (1–4);*
- *nicht in allen Zeitformen verwendet werden können (deshalb „unvollständig"). In solchen Fällen werden andere Formulierungen mit ähnlicher Bedeutung benutzt, z. B.* be able to, be allowed to, have to *usw. (5).*

Noch ein paar allgemeine Hinweise, bevor wir auf die einzelnen Verben eingehen:

6. You could have had an accident!	Du hättest einen Unfall haben können!
7. I should have listened to you.	Ich hätte auf dich hören sollen.

Could, must, may *und* might *werden mit* have + Past Participle *verbunden, um Vergangenes auszudrücken (6, 7).*

Beachten Sie auch:

8. "You can swim, can't you?"	„Sie können doch schwimmen, oder?"
9. "No, I can't!"	„Nein (kann ich nicht)!"

Nur bei Frageanhängseln[1] und Kurzantworten[2] können unvollständige Hilfsverben allein stehen (8, 9).

1.10.1 können

1. She can sing really well.	Sie kann wirklich gut singen.
2. When I was a baby I could walk before I could talk.	Als Kind konnte ich laufen, bevor ich sprechen konnte.
3. Do you think he'll be able to find his way home?	Glaubst du, er wird den Weg nach Hause finden (können)?
4. I've always been able to tell lies convincingly.	Ich konnte schon immer überzeugend lügen.

Um „können" im Sinne von „fähig sein, etwas zu tun" wiederzugeben, hat man folgende Möglichkeiten im Englischen:
- *in der Gegenwart* can *bzw. in der Vergangenheit* could *(1, 2)*
- *in* allen *Zeiten die entsprechende Form von* be able to *(3, 4)*

Aber mit Fähigkeiten allein ist das Bedeutungsspektrum von „können" nicht voll ausgeschöpft, wie Sie dem folgenden Beispiel entnehmen können:

5. Mum and Dad, can I borrow the wheel tonight?	Mama und Papa, kann ich heute Abend das Rad benutzen?

Bei „können" im Sinne von „dürfen" (meist „kann ich" oder „können wir") verwendet man im Englischen can *(5).*

Folgende Variante von „können" sollten Sie auch beachten:

6. That may be true.	Das kann (wahr) sein.
7. She might not have recognized you.	Vielleicht hat sie dich nicht erkannt.

[1] vgl. Kapitel 1.16.5, S. 81–82; [2] vgl. Kapitel 1.16.4, S. 81

Wenn „können" eine Möglichkeit *ausdrückt, verwendet man im Englischen* may *oder* might *(6). Im geschriebenen Text schränkt* might *die Möglichkeit, dass etwas zutrifft, mehr ein als* may*. Bei mündlichen Äußerungen ist dafür eher die Betonung oder die Satzmelodie ausschlaggebend.*
Im Deutschen wird may *bzw.* might *oft durch „vielleicht" wiedergegeben (7).*

Etwas problematischer sind die englischen Entsprechungen von „konnte(n)" usw.:

8. I could <u>feel</u> the wasp slowly crawl down my neck.	Ich konnte spüren / Ich spürte, wie die Wespe mir langsam den Nacken herunterkroch.
9. I could <u>hardly</u> stand up.	Ich konnte mich kaum noch auf den Beinen halten.
10. I just managed to catch the train.	Ich konnte den Zug gerade noch erwischen.
11. I succeeded in convincing her she was wrong.	Ich konnte sie davon überzeugen, dass sie unrecht hatte.
12. Were you able to speak to him?	Konntest du mit ihm sprechen?

Could *wird als Entsprechung von „konnte(n)" besonders dann verwendet, wenn es sich um ein* Verb der Sinneswahrnehmung *wie* see, hear *oder* feel *handelt (8) bzw. wenn ein* einschränkender Zusatz *wie* hardly, never, not *o. ä. im Satz enthalten ist (9). Bei* einzelnen Vorfällen und Begebenheiten *in der Vergangenheit nimmt man ansonsten* managed to + *Grundform des Verbs (10) bzw.* succeeded in + *-ing-Form (11) oder* was/were able to + *Grundform des Verbs (12).*

Kurz zusammengefasst:

können	
Was drückt es aus?	englische Entsprechung
körperliche oder geistige Fähigkeit	*can* (Präsens) *could* (Vergangenheit) *could have + Past Participle* (in Bezug auf Vergangenes) *be able to* (alle Zeitstufen)
Erlaubnis (= dürfen)	*can* (Präsens) *could* (indirekte Rede)
Möglichkeit (= vielleicht)	*may/might* (Präsens) *may have/might have* (in Bezug auf Vergangenes)

konnte(n) usw.	
Wie wird es verwendet?	englische Entsprechung
körperliche oder geistige Fähigkeit	*could / was able to*
bei Verben der Sinneswahrnehmung	*could*
mit einschränkendem Zusatz	*could*
bei Einzelvorgang in der Vergangenheit	*managed to* + Grundform des Verbs *succeeded in* + *-ing*-Form *was/were able to* + Grundform des Verbs

Could im Sinne von "könnte(n)"

13. Could I finish early today?	Könnte ich heute früher aufhören?
14. Could I have a cup of coffee?	Könnte ich einen Kaffee haben?
15. We could write the letter for you.	Wir könnten den Brief für Sie schreiben.

> *Mit* could *bittet man um Erlaubnis (13) oder um einen Gefallen (14) oder man bietet Hilfe an (15). Bei allen drei Beispielen könnte man auch* can *verwenden.*

16. It could snow tomorrow.	Es könnte morgen schneien.

> Could *verwendet man auch, um über Möglichkeiten in der Zukunft zu sprechen (16).*

17. If it stopped raining, we could go out.	Wenn es zu regnen aufhören würde, könnten wir ausgehen.

> Could *findet sich häufig im Hauptsatzteil von Bedingungssätzen (17).*

Can't have + Past Participle

18. We have been burgled. You can't have shut all the windows.	Bei uns wurde eingebrochen. Du kannst nicht alle Fenster geschlossen haben.

> *Man verwendet* can't have + Past Participle, *um auszudrücken, dass eine Tätigkeit in der Vergangenheit nicht ausgeführt wurde oder dass ein Ereignis nicht eingetreten sein kann (18).*

1.10.2 dürfen

1. Can we stay up to watch the film tonight?	Dürfen wir heute abend aufbleiben, um den Film zu sehen?
2. May I open the window?	Darf ich das Fenster aufmachen?
3. I'm not allowed to eat sugar – I'm diabetic.	Ich darf keinen Zucker essen. Ich bin Diabetiker.
4. I was allowed to see our baby for the first time today.	Heute durfte ich unser Baby zum ersten Mal sehen.

Can *bzw.* may *(etwas förmlich) wird verwendet, wenn es um* die Erlaubnis im Einzelfall *geht (1, 2).*
Be allowed *to bezieht sich im Präsens und in der indirekten Rede auf die* allgemeine Erlaubnis *(3). Es wird aber auch in den Zeiten verwendet, in denen* can / may *nicht möglich sind (4).*

Nun zu einer ganz anderen Bedeutung von „dürfen", diesmal in der verneinten Form:

5. You mustn't forget to feed our pet tiger!	Sie dürfen nicht vergessen, unseren Tiger zu füttern!
6. You shouldn't have said that.	Das hättest du nicht sagen dürfen.

Wenn mit „nicht dürfen" ein Ratschlag, eine Warnung, eine Aufforderung *o. ä. ausgedrückt wird, sagt man im Englischen* shouldn't *oder (stärker)* mustn't *(5).*
In Bezug auf etwas Vergangenes („hätte ... nicht dürfen") nimmt man shouldn't have + Past Participle *(6).*

! Beachten Sie also: *mustn't* heißt nicht „muss nicht"!

Kurz zusammengefasst:

dürfen	
Was drückt es aus?	englische Entsprechung
Erlaubnis im Einzelfall	*can / may* (Präsens) *could* (indirekte Rede) *be allowed to* (andere Zeiten)
allgemeine Erlaubnis	*be allowed to* (alle Zeiten)
in der Verneinung	*mustn't / shouldn't* (Präsens)
Ratschlag, Warnung, Vorwurf	*shouldn't have* (in Bezug auf Vergangenes)

Abschließend einige weitere Übersetzungsmöglichkeiten von „dürfte(n)":

7. That's probably her father.	Das dürfte ihr Vater sein.
8. That should do / ought to do.	Das dürfte reichen.

1.10.3 müssen

Bei „müssen" drängt sich das englische *must* als Übersetzung förmlich auf, und in der Tat ist das auch oft die richtige Entsprechung:

1. You must know who I mean – you've seen her hundreds of times.	Du musst doch wissen, wen ich meine. Du hast sie schon hundertmal gesehen.
2. That must have been rather difficult.	Das muss ziemlich schwierig gewesen sein.
3. You must be David's father.	Sie sind sicherlich Davids Vater.

Wenn „müssen" eine hohe Wahrscheinlichkeit, eine sichere Annahme oder Überzeugung *ausdrückt, verwendet man im Englischen* must *im Präsens (1) bzw.* must have *in Bezug auf Vergangenes (2). Oft gebraucht man im Deutschen in solchen Fällen „sicherlich", „bestimmt" oder „wohl" (3).*

Mit „müssen" werden auch Verpflichtungen und Notwendigkeiten ausgedrückt:

4. I really must have a bath.	Ich muss unbedingt ein Bad nehmen.

5. Damn it, Arthur, must you put ketchup on everything?

Verflixt noch mal, Arthur, musst du auf alles Ketschup tun?

6. I've got to be home by 11 o'clock.	Ich muss bis um elf zu Hause sein.
7. It's a pity you have to get up so early on weekdays.	Es ist schade, dass du unter der Woche so früh aufstehen musst.
8. I just had to tell someone.	Ich musste es einfach jemandem sagen.
9. We'll probably have to buy a present as well.	Wir werden wohl auch ein Geschenk kaufen müssen.

Bei Verpflichtungen und Notwendigkeiten im Einzelfall *nimmt man im Präsens* must, *besonders wenn der* Sprecher selbst *etwas für nötig hält (4, 5), bzw.* have (got) to, *besonders wenn der „Druck" von außen kommt (6).*
Bei regelmäßigen Verpflichtungen *ist nur* have (got) to *möglich (7).*
In den anderen Zeiten *wird die entsprechende Form von* have to *verwendet (8, 9).*

Vorhin haben wir gesehen, dass *mustn't* „darf nicht" entspricht. Wie wird aber „braucht nicht"/„muss nicht" ins Englische übersetzt?

10. You don't have to come / needn't come if you don't want to.	Du brauchst nicht/musst nicht kommen, wenn du nicht willst.
11. I don't have to do this job, you know – I'm a qualified tree surgeon.	Ich muss diese Arbeit nicht machen, weißt du – ich bin nämlich gelernter Baumchirurg!
12. You needn't/don't need to wait for me.	Ihr müsst nicht auf mich warten.

Die geläufigste englische Entsprechung von „nicht brauchen" / „nicht müssen" ist not have to *(10, 11).*
Nur wenn der Sprecher selbst *etwas für unnötig hält, kann man auch* needn't *(oder* don't need to*) verwenden (12).*

13. He didn't have to take part in the meeting. — Er brauchte nicht an der Sitzung teilzunehmen.
14. I didn't need to ask for permission. — Ich brauchte nicht um Erlaubnis zu bitten.

Die Vergangenheitsformen von not have to *und* needn't *heißen* didn't have to *(13) bzw.* didn't need to *(14).*

Eine letzte Variante vor der Übersicht:

15. You should know – it was your idea! — Du müsstest es wissen, es war ja schließlich deine Idee!
16. I should have realized she was only joking. — Ich hätte merken müssen, dass das nicht ihr Ernst war.

Der Konjunktiv „müsste(n)" wird im Englischen mit should *(Präsens, 15) bzw.* should have *(in Bezug auf Vergangenes, 16) ausgedrückt.*

Kurz zusammengefasst:

müssen	
Was drückt es aus?	englische Entsprechung
feste Annahme, Überzeugung	*must* (Präsens) *must have* (in Bezug auf Vergangenes)
Notwendigkeit, Verpflichtung	*must* (Präsens), besonders wenn der Sprecher selbst etwas für nötig hält *have (got) to* (Präsens), besonders wenn äußere Bedingungen etwas notwendig machen entsprechende Form von *have to* (alle anderen Zeiten)
nicht müssen	
Was drückt es aus?	englische Entsprechung
etwas ist nicht notwendig	entsprechende Form von *not have to* (alle Zeiten) *needn't* (Präsens), (auch *needn't have* in Bezug auf Vergangenes), nur wenn der Sprecher etwas für nicht nötig hält

1.10.4 sollen

1. You should go/ought to go to bed earlier.	Du solltest früher ins Bett gehen!
2. I should have stayed at home!	Ich hätte zu Hause bleiben sollen!

Wenn mit „sollen" eine höfliche oder bestimmte Aufforderung, *ein* Vorschlag *oder ein* Appell ans Gewissen *(auch ans eigene) ausgedrückt wird, sagt oder schreibt man* should *oder* ought to *im Präsens (1) bzw.* should have/ought to have *in Bezug auf etwas Vergangenes (2).*

3. You shouldn't have asked that down-and-out for money.	Du hättest den Obdachlosen nicht um Geld bitten sollen.

shouldn't have + Past Participle *drückt aus, dass eine in der Vergangenheit stattgefundene Handlung vom Standpunkt des Sprechers nicht nötig gewesen wäre (3). Zugleich kommt ein diesbezügliches Missfallen zum Ausdruck.*

Und nun zu weiteren Bedeutungen von „sollen":

4. The firm is said to be/is supposed to be almost bankrupt.	Die Firma soll kurz vor dem Bankrott stehen.
5. Henry is said to have been/is supposed to have been married seven times before.	Henry soll schon sieben Mal verheiratet gewesen sein.
6. Up to thirty people are said to have been killed in the earthquake.	Bis zu dreißig Personen sollen beim Erdbeben ums Leben gekommen sein.

Wenn „sollen" ein Gerücht *bzw. eine* unbestätigte Behauptung *wiedergibt, verwendet man im Englischen die entsprechende Form von* be said to *oder* be supposed to *(4, 5). Das gilt auch für Nachrichten, die sich auf Quellen stützen (6).*

7. The new ruling is intended to/is meant to make things easier for the consumer.	Die neue Regelung soll Erleichterungen für den Verbraucher bringen.

Wenn „sollen" eine Zielsetzung *oder* Absicht *wiedergibt, nimmt man im Englischen die entsprechende Form von* be intended to *oder* be meant to *(7).*

8. I'm supposed to/I'm to pick up a package for Mr Walker here.	Ich soll hier ein Päckchen für Mr. Walker abholen.

Wenn „sollen" eine Vereinbarung, *eine* Aufgabe, *etwas* Vorgesehenes *o. ä. ausdrückt, sagt oder schreibt man im Englischen* be supposed to *bzw.* be to *(8).*

9. Only three weeks later he was to be out of a job.	Nur drei Wochen später sollte er arbeitslos sein.

Wenn mit „sollte(n)" etwas über das zu erwartende Schicksal *ausgedrückt wird, sagt man im Englischen* was to/were to. *Das, was beschrieben wird, ist inzwischen auch schon eingetreten (9).*

Viele Deutsche machen den Fehler, „sollen" mit *shall* zu übersetzen. In Wirklichkeit geht das nur relativ selten:

10. Shall I / Should I open a window?	Soll ich ein Fenster aufmachen?
11. Shall I call a doctor?	Soll ich einen Arzt holen?
12. Where shall I put it?	Wo soll ich's hintun?
13. She asked whether she should serve the dessert.	Sie fragte, ob sie die Nachspeise servieren soll(e).

Nur bei Vorschlägen in Form einer Frage *(10) bzw. bei* Ja-Nein-Fragen *(11) oder* Fragen mit Fragewort *(z. B. „wo", „wie", „wann") (12) entspricht „sollen" dem englischen* shall.
Should *wirkt bei Fragen im Präsens etwas zurückhaltender (10). Es wird auch in der indirekten Rede verwendet (13).*

! Häufiger ist *shall we* die englische Entsprechung von „wollen wir":

14. Shall we go?	Wollen wir gehen?

Kurz zusammengefasst:

sollen	
Was drückt es aus?	englische Entsprechung
Aufforderung, Vorwurf o. ä.	*should / ought to* (Präsens) *should have / ought to have* (in Bezug auf Vergangenes)
Gerücht, unbestätigter Bericht o. ä. (= „angeblich / es heißt, dass …")	*be said to / be supposed to* (alle Zeiten)
Zielsetzung einer Maßnahme (= „mit … wird bezweckt, dass …")	*be meant to / be intended to* (alle Zeiten)
Vereinbarung, Aufgabe o. ä. (= „es ist/war abgemacht, dass …")	*be supposed to / be to* (alle Zeiten)
eintretendes Schicksal (= „später …")	*was to / were to* (nur in Bezug auf Vergangenes)
Vorschlag, Entscheidungsfrage / Frage mit Fragewort	*shall* (Präsens) *should* (Präsens oder indirekte Rede)

Eine letzte Variante bei „sollen":

15. I don't know what to do.	Ich weiß nicht, was ich tun soll.

Ein Nebensatz mit einem Fragewort + *„sollen" wird im Englischen meist mit einer Infinitivkonstruktion wiedergegeben (15).*

1.10.5 Weitere Hilfsverben

Abschließend noch einige Anmerkungen zu „mögen" und „wollen":

1. That may be.	Das mag sein.
2. He may be good-looking, but he's thick!	Er sieht vielleicht gut aus, aber er ist strohdumm!
3. She won't tell us where the key is.	Sie will uns nicht sagen, wo der Schlüssel ist.
4. My car won't start.	Mein Auto will nicht anspringen.

> *Wenn „mögen"* einräumend *verwendet wird, um auszudrücken, dass etwas* möglich *ist, sagt man im Englischen* may *(1, 2).*
> *Wenn jemand oder etwas* nicht will *(= sich weigert, etwas zu tun), ist die englische Entsprechung* won't *(3, 4).*

1.11 Die indirekte Rede

Mit der indirekten Rede wird das wiedergegeben, was man selbst oder jemand anders gesagt hat. Dabei wird die sogenannte direkte Rede (das, was geschrieben in Anführungsstrichen stünde: „…") in die indirekte, oder „berichtete", Rede umgewandelt.

Die indirekte Rede besteht aus dem *übergeordneten* Satz (*she said, he told me* usw.) und dem *untergeordneten* Satz, der ursprünglichen direkten Rede. Steht der übergeordnete – oder einleitende – Satz im Englischen in der Vergangenheit, ändern sich die grammatischen Zeiten. Das folgende Beispiel zeigt dies:

1. "He's a bit hard of hearing." "What did she say?" "She said you were a bit hard of hearing!"	„Er ist ein bisschen schwerhörig." „Was hat sie gesagt?" „Sie hat gesagt, dass Sie ein bisschen schwerhörig seien (oder sind)!"

1.11.1 Die Zeitenfolge

Hier eine Übersicht über die Verschiebung bei den verschiedenen Zeiten:

direkte Rede →	indirekte Rede
"I'm tired," said Fred. „Ich bin müde", sagte Fred. einfache Gegenwart →	Fred said (that) he was tired. Fred sagte, er sei müde. einfache Vergangenheit
"I'm writing a horror story," said Marjorie. „Ich schreibe eine Gruselgeschichte", sagte Marjorie. *-ing*-Form der Gegenwart →	Marjorie said (that) she was writing a horror story. Marjorie sagte, dass sie eine Gruselgeschichte schreibe. *-ing*-Form der Vergangenheit

direkte Rede →	indirekte Rede
"I saw him in the park with another woman," Jenny told me.	Jenny told me (that) she had seen him in the park with another woman.
„Ich habe ihn im Park mit einer anderen Frau gesehen", sagte Jenny.	Jenny sagte, sie habe ihn im Park mit einer anderen Frau gesehen.
einfache Vergangenheit →	*Past Perfect*[1] *(had + Past Participle)*
"She was running for the bus when she fell over the dog," said the conductor.	The conductor said (that) she had been running for the bus when she fell/had fallen over the dog.
„Sie rannte gerade zum Bus, als sie über den Hund stolperte", sagte der Schaffner.	Der Schaffner sagte, dass sie gerade zum Bus rannte, als sie über den Hund stolperte.
-*ing*-Form der Vergangenheit →	-*ing*-Form des *Past Perfect* (*had been* + -*ing*-Form)
"She's just gone to the bank," said Philip.	Philip said (that) she had just gone to the bank.
„Sie ist gerade auf die Bank gegangen", sagte Philip.	Philip sagte, sie sei gerade auf die Bank gegangen.
Present Perfect →	*Past Perfect*
"I've been waiting for hours!" said Michael.	Michael said (that) he had been waiting for hours.
„Ich warte schon seit Stunden!" sagte Michael.	Michael sagte, dass er schon seit Stunden gewartet habe.
-*ing*-Form des *Present Perfect* →	-*ing*-Form des *Past Perfect*
"I had never been in love before," Roger confessed.	Roger confessed (that) he had never been in love before.
„Ich war nie zuvor verliebt (gewesen)", gestand Roger.	Roger gestand, dass er nie zuvor verliebt gewesen sei.
Past Perfect bleibt	*Past Perfect*
"We had been hoping he wouldn't come," said Mary.	Mary said (that) they had been hoping he wouldn't come.
„Wir hatten gehofft, dass er nicht kommt (*oder* kommen würde)", sagte Mary.	Mary sagte, sie hätten gehofft, dass er nicht kommt (oder kommen würde).
-*ing*-Form des *Past Perfect* bleibt	-*ing*-Form des *Past Perfect*

[1] Gelegentlich findet man aber auch in der indirekten Rede die einfache Vergangenheit.

direkte Rede →	indirekte Rede
"I'll let you know," said Brian.	Brian said (that) he would let me know.
„Ich sag' dir Bescheid", sagte Brian.	Brian sagte, er würde mir Bescheid sagen.
will-Zukunft →	*would* + Infinitiv

Lassen Sie sich von der Länge dieser Übersicht nicht abschrecken. Sie soll Ihnen in erster Linie zum Nachschlagen dienen, wenn Sie sich über die zeitliche Folge bei der indirekten Rede nicht sicher sind.

Kurz zusammengefasst:

• *Gegenwart*	go	→	*Vergangenheit*	went
	am/is/are going			was/were going
• *Vergangenheit*	went	→	Past Perfect	had gone
	has gone			had gone
• will-*Zukunft*	will go	→	would + *Infinitiv*	would go

Abschließend eine allgemeine Anmerkung zum Gebrauch von *that* in der indirekten Rede:

1. When he told her (that) he was leaving her, she replied that it was the happiest day of her life.	Als er ihr sagte, dass er sie verlassen würde, antwortete sie, dass dies der schönste Tag ihres Lebens sei.

Die Sätze in der indirekten Rede können nach den Verben say, tell, admit *und* think mit oder ohne that *geschrieben werden, aber auf jeden Fall* ohne Komma *(1)! Nach* tell *muss immer ein Objekt folgen (wie* me, us, him *usw.).*
Bei den Verben reply, answer, add, remark, explain *und* state *dagegen steht fast immer* that (auch hier kein Komma!) *(1).*

1.11.2 Unvollständige Hilfsverben und andere Sonderfälle

Die meisten Formen der unvollständigen Hilfsverben bleiben bei der Wiedergabe in der indirekten Rede *unverändert*. Nur einige wenige werden umgewandelt:

direkte Rede →	indirekte Rede
1. "I can't understand what he's saying," said Sue.	Sue said that she couldn't understand what he was saying.
„Ich verstehe nicht, was er sagt," sagte Sue.	Sue sagte, dass sie nicht verstehen könne, was er sagte.
2. "We may be a bit late," warned Stan.	Stan warned that they might be a bit late.
„Wir kommen vielleicht ein bisschen später", warnte Stan.	Stan wies darauf hin, dass sie vielleicht ein bisschen später kämen.

3. "We'd better wash it first." „Wir sollten ihn lieber vorher waschen!"	Eve said they had better wash it first. Eva sagte, sie sollten ihn lieber vorher waschen.

Folgende Zeitveränderungen sind bei den unvollständigen Hilfsverben in der indirekten Rede notwendig, wenn der Einleitungssatz in einer Vergangenheitsform steht (1, 2):

direkte Rede →	indirekte Rede
can	could
may *(Möglichkeit)*	might
will/shall	would
shall *(in Fragen)*	should

Folgende Hilfsverbformen bleiben in der indirekten Rede unverändert (3):
could, had better, might, needn't, ought to, should, used to, would

Nun zu ein paar Sonderfällen:

direkte Rede →	indirekte Rede
4. "I must tell you what happened on Friday," she said. „Ich muss dir erzählen, was am Freitag passiert ist", sagte sie.	She said she had to tell me what (had) happened on Friday. Sie sagte, sie müsse mir erzählen, was am Freitag passiert ist (*oder* war).

Must wird in der indirekten Rede zu *had to* (4).

1.11.3 Fragen in der indirekten Rede

Fragen werden wie folgt in der indirekten Rede wiedergegeben:

direkte Rede →	indirekte Rede
1. "Where have you been all night?" her father asked.	Her father asked (her) where she had been all night.
„Wo warst du die ganze Nacht?" fragte ihr Vater.	Ihr Vater fragte (sie), wo sie die ganze Nacht gewesen sei.
2. "How will you get there?" the policeman asked.	The policeman asked (us) how we would get there.
„Wie wollen Sie dort hinkommen?" fragte der Polizist.	Der Polizist fragte (uns), wie wir dort hinkommen wollten.

Bei Fragen mit Fragewort *ist die* Wortstellung *in der* indirekten Rede *wie im normalen Aussagesatz (1, 2). Die Zeitenfolge ist ebenfalls gleich.*

Bei Entscheidungsfragen gilt folgende Handhabung:

direkte Rede →	indirekte Rede
3. "Do you like Stravinsky?" the young man asked her.	The young man asked her if/whether she liked Stravinsky.
„Mögen Sie Strawinsky?" fragte sie der junge Mann.	Der junge Mann fragte sie, ob sie Strawinsky möge.
4. "Have you all been to the Natural History Museum?" he asked the class.	He asked the class if/whether they had all been to the Natural History Museum.
„Seid ihr alle schon im Naturkundlichen Museum gewesen?" fragte er die Klasse.	Er fragte die Klasse, ob alle schon im Naturkundlichen Museum gewesen seien.

*Wenn kein Fragewort (*who, what, how *usw.) in der Frage erscheint, setzt man bei der* indirekten Rede *das Wort* if *bzw. (etwas seltener)* whether *ein, was dem deutschen „ob" entspricht (3, 4).*

1.11.4 Aufforderungen/Befehle *(tell, ask)*

direkte Rede →	indirekte Rede
1. "Stop looking at me like that!" he said to his sister. „Sieh'/Schau' mich nicht so an!" sagte er seiner Schwester.	He told his sister to stop looking at him like that. Er sagte seiner Schwester, sie solle ihn nicht so ansehen/schauen.
2. "Don't keep changing channels!" Dad said to Pat. „Schalt nicht dauernd von einem Kanal zum anderen!" sagte Papi zu Pat.	Dad told Pat not to keep changing channels. Papi sagte zu Pat, er solle nicht dauernd von einem Kanal zum anderen schalten.
3. "Could you get me another coffee?" Ray asked his wife. „Könntest du mir noch einen Kaffee bringen?" bat Ray seine Frau.	Ray asked his wife to get him another coffee. Ray bat seine Frau, ihm noch einen Kaffee zu bringen.

Aufforderungen und Befehle werden in der indirekten Rede wie folgt behandelt:

Subjekt +	Verb +	Objekt +	*to*-Infinitiv *(1–3)*
Jeremy	*told*	*me*	*to shut up.*
Sarah	*asked*	*us*	*to go home.*
The doctor	*advised*	*me*	*to take it easy.*

1.11.5 Änderung von Zeit- und Ortsangaben

Wie im Deutschen müssen Adverbien und andere adverbiale Bestimmungen in der indirekten Rede geändert werden, wenn die zeitliche oder örtliche Perspektive beim Berichten anders ist (1, 2). Hier eine Liste der wichtigsten Änderungen:

Zeitangaben	
today →	that (same) day
tonight	that night
this morning/afternoon/evening *usw.*	that morning/afternoon/evening *usw.*
yesterday	the day before, the previous day
tomorrow	the next day, the following day
now	*(wird oft nicht wiedergegeben)* then, at that point (in time), *(sofort)* straightaway
next week/month/year	the following week/month/year
last night/week/month/year	the previous night/week/month/year; the night/week/month/year before
a week/month/year ago	a week/month/year before
a minute / an hour ago	a minute / an hour before

Ortsangaben		
here	→	*(wenn der Ort aus dem Zusammenhang klar hervorgeht)* there, in that place, at that spot *(wenn der Ort nicht klar ist, muss präzisiert werden, z. B.)* in the library, at the disco *usw.*
in this street *usw.*		in that street *usw.*
Demonstrativadjektive		
this, that these, those	→	*(meist)* the *(meist)* the

1.12 Der Imperativ (die Befehlsform)

1.12.1 Die Bildung des Imperativs

Im Englischen gibt es nur *eine* Befehlsform, egal ob man eine Person oder gleich mehrere anspricht und ob man diese Person(en) duzen oder siezen würde.

1. Look!	Sieh mal!
2. Stop criticizing me!	Hör auf, mich zu kritisieren!

3. Please don't mention her back.

Bitte sagt ja nichts über ihren Rücken!

- *Der Imperativ hat dieselbe Form wie der Infinitiv ohne to (1 – 3).*
- *Durch Voranstellung von don't wird der Imperativ verneint (3).*

1.12.2 Der Gebrauch des Imperativs

1. Stop that noise, will you!	Hört doch auf mit dem Krach!
2. Go to bed now, will you?	Nun aber ab ins Bett, verstanden?
3. Come in, won't you?	Bitte kommen Sie herein.

- *Durch Anhängen von* will you! *wird der* Imperativ *betont (1). Diese Form wird meistens auf familiärer Ebene benutzt, oft bei Kindern, Schülern usw.*
- *Durch Anhängen von* will you? *oder* won't you? *mit Fragezeichen klingt der Befehl freundlicher (2, 3).*

Diese Beispiele zeigen auch, dass der Imperativ im Englischen nicht immer mit einem Ausrufezeichen verwendet wird. Dies gilt auch für Fälle folgender Art:

4. Take the meat out of the freezer and defrost it thoroughly.	Nehmen Sie das Fleisch aus der Gefriertruhe und lassen Sie es völlig auftauen!

Bei Anweisungen *erscheint der* Imperativ *ohne Ausrufezeichen (4).*

! Das Ausrufezeichen wird im Englischen nur bei gehobener Stimmführung benutzt und erscheint deshalb viel seltener als im Deutschen.

Zum Abschluss noch ein paar Besonderheiten:

5. Never forget what I've told you.	Vergiss nie, was ich dir gesagt habe!
6. Always lock the front door when you leave the house.	Schließ immer die Haustür ab, wenn du das Haus verlässt!

Never *und* always *können zur Verstärkung vor die Imperativform gesetzt werden (5, 6).*

Beachten Sie schließlich auch den folgenden, sehr idiomatischen Gebrauch der Befehlsform im Englischen:

7. Don't!	Nicht (doch)!

1.13 Lassen

In diesem Kapitel geht es um die verschiedenen englischen Entsprechungen des deutschen Wortes „lassen", das eine häufige Fehlerquelle für deutschsprachige Englischlernende darstellt.

1.13.1 *leave* und *let*

Oft durcheinandergebracht werden *leave* und *let*, die beide – je nach Kontext – mögliche Entsprechungen des deutschen „lassen" sind.

1. I left the bikes out all night.	Ich habe die Fahrräder die ganze Nacht draußen gelassen.
2. Don't leave your luggage unattended.	Lassen Sie Ihr Gepäck nicht unbeaufsichtigt!

Leave[1] *bedeutet „zurücklassen", „so lassen, wie / wo es ist / war". Es wird in folgender Konstruktion verwendet:*
leave + Objekt + Adjektiv / *Past Participle (1, 2)*

Leave kommt als Übersetzung für „lassen" allein nur selten in Frage, für *Verbindungen* mit „lassen" aber um so häufiger:

3. She left me standing there like a fool.	Sie ließ mich dort stehen wie einen Idioten.
4. Just leave the dishes.	Lass das Geschirr einfach stehen!
5. I left my umbrella on the train.	Ich habe meinen Regenschirm im Zug liegenlassen.
6. She has left her third husband.	Sie hat ihren dritten Mann verlassen.

Und nun zu *let*:

7. My dad sometimes let me use his video camera.	Mein Papa ließ mich manchmal seine Videokamera benutzen.
8. She lets the kids do anything they want.	Sie lässt die Kinder alles machen, was sie wollen.

Let[2] *bedeutet „erlauben", „zulassen" und wird in folgender Konstruktion verwendet:*
let + Objekt + Infinitiv ohne *to (7, 8)*

Noch eine Besonderheit:

9. We were not allowed to see the patient.	Man ließ uns den Patienten nicht sehen.

Da let *im Passiv*[3] *nicht möglich ist, wird folgende Struktur gebraucht:*
be allowed to + Grundform des Verbs *(9)*

1.13.2 *have, get* und *make*

Das deutsche „lassen" wird auch im Sinne von „veranlassen, dass jemand etwas (für einen) macht" verwendet. Das wird wie folgt im Englischen ausgedrückt:

1. She had him check the car.	Sie ließ ihn das Auto überprüfen (= Er musste für sie ...).
2. She makes him do everything for her.	Sie lässt ihn alles für sich machen (= Er muss alles für sie machen).

„Jemanden etwas machen lassen" wird im Englischen mit folgenden Konstruktionen ausgedrückt:
have + Objekt + Infinitiv ohne *to (1) (neutraler Ausdruck)*
make + Objekt + Infinitiv ohne *to (2) (verwendet, wenn Druck ausgeübt wird)*

Im Passiv dagegen wird *to* vor den Infinitiv gesetzt:

3. We were made to wait for almost an hour.	Man ließ uns fast eine Stunde warten (= Wir mussten ... warten).

[1] *leave* ist ein unregelmäßiges Verb: *leave, left, left;* [2] *let* ist ebenfalls unregelmäßig: *let, let, let;*
[3] vgl. Kapitel 1.6, S. 35 ff.

Im Passiv lautet die Konstruktion:
be made to + Grundform des Verbs *(3)*

Bei einer weiteren Verwendung von „lassen“ steht nicht die Person, die für einen etwas macht, sondern das, was gemacht wird, im Vordergrund:

4. We're having the house painted at the moment.	Wir lassen das Haus gerade streichen.
5. I must get the car repaired soon.	Ich muss das Auto bald reparieren lassen.

Für „lassen“ im Sinne von „veranlassen, dass etwas gemacht wird“ verwendet man im Englischen:
have + Objekt + *Past Participle (4) (neutraler Ausdruck)*
get + Objekt + *Past Participle (5) (etwas umgangssprachlicher)*

Kurz zusammengefasst:

Was drückt „lassen“ aus?	englische Entsprechung
zulassen, erlauben Lass mich bitte fahren!	let + *Objekt* + *Infinitiv ohne* to Let me drive, please.
veranlassen, dass jemand etwas macht Ich lasse sie das Formular für mich ausfüllen.	have + *Objekt* + *Infinitiv ohne* to make + *Objekt* + *Infinitiv ohne* to (Druck, Zwang) I'll have her fill out the form for me.
veranlassen, dass etwas gemacht wird Lass Champagner aufs Zimmer bringen!	have + *Objekt* + Past Participle get + *Objekt* + Past Participle Have some champagne brought up to the room.
zurücklassen, so lassen, wie es ist oder war Ich hab' meine Brille zu Hause (liegen) gelassen.	leave I left my glasses at home.

1.13.3 Idiomatische Wendungen

Zu guter Letzt einige idiomatische Redewendungen, die im Deutschen mit „lassen" ausgedrückt werden:

Stop it!	Lass das!
Enough of that.	Lassen wir das!
I can't help it.	Ich kann's nicht lassen.
He can't stop lying.	Er kann das Lügen nicht lassen.
I'm afraid that can't be done.	Das lässt sich leider nicht machen.
keep s.o. waiting	jmdn. warten lassen
drop s.th.	etw. fallen lassen
grow a beard	sich einen Bart wachsen lassen
put up with s.th.	sich etw. gefallen lassen
leave the light on	das Licht brennen lassen
think of s.th.	sich etw. einfallen lassen
send for the doctor	den Arzt kommen lassen

1.14 *Phrasal Verbs*

Wir wenden uns jetzt den sogenannten *Phrasal Verbs* zu. Das sind Verbindungen aus:

Verb + Präposition oder Adverb (z. B. *look at, go away*)
bzw.
Verb + Adverb + Präposition (z. B. *look forward to*)

Die grammatische Zusammensetzung dieser Ausdrücke ist für Sie aber unerheblich. *Phrasal Verbs* sind dadurch gekennzeichnet, daß sie die Bedeutung des Grundverbs erweitern oder aber eine ganz andere Bedeutung als das Grundverb haben. So heißt *look* etwa „gucken", „schauen", während *look for* mit „suchen" übersetzt wird. Manche *Phrasal Verbs* haben je nach Zusammenhang sogar mehrere unterschiedliche Bedeutungen. Man übersetzt *grow up* entweder mit „aufwachsen" oder aber mit „erwachsen werden", je nach Zusammenhang. Aus diesem Grunde sollten die *Phrasal Verbs* als Vokabeln gelernt werden.

1.14.1 Die wichtigsten *Phrasal Verbs*

Wir führen nun eine Liste wichtiger *Phrasal Verbs* auf, die es sich anzueignen lohnt. Da die Stellung des Objekts auch Schwierigkeiten bereiten kann (vgl. unten S. 76 ff.), haben wir – wo nötig – *s.o.* (= *someone*, jemanden, jemandem) bzw. *s.th.* (= *something*, etwas) mit angegeben, damit die gesamte Struktur von vornherein klar ist.

ask for s.th.	um etw. bitten
break down	eine Panne haben
bring s.o. up	jmdn. erziehen
call s.o. up	jmdn. anrufen
calm down	sich beruhigen
care for s.o.	sich um jmdn. kümmern

come in	irgendwo hereinkommen
deal with s.o./s.th.	sich mit jmdm./etw. beschäftigen, sich befassen mit
fill s.th. in/out	etw. ausfüllen
find s.th. out	etw. herausfinden
get into	einsteigen
get off s.th.	aus etw. aussteigen
get on s.th.	in etw. einsteigen
get on / get along with s.o.	sich mit jmdm. verstehen, mit jmdm. gut auskommen
get out of s.th.	aus etw. aussteigen; aus etw. herauskommen (unangenehme Situation usw.)
get up	aufstehen
give in	aufgeben
give up doing s.th.	mit etw. aufhören, aufgeben
go away	weggehen
go back	zurückgehen
go in	hineingehen
go on doing s.th.	mit etw. weitermachen
go out	herausgehen; ausgehen
go up	hinaufsteigen, hinaufgehen
grow up	aufwachsen; erwachsen werden
leave s.th. out	etw. weglassen
lie down	sich hinlegen
look after s.o.	sich um jmdn. kümmern
look for s.o./s.th.	jmdn./etw. suchen
look forward to s.th.	sich auf etw. freuen
look s.th. up	etw. nachschlagen
pick s.th. up	etw. aufheben
pick s.o. up	jmdn. abholen; jmdn. vom Boden aufheben
point s.th. out (to s.o.)	(jmdn.) auf etw. aufmerksam machen, hinweisen
put s.th. off	etw. (zeitlich) verschieben
put s.th. on	etw. anziehen
put s.o. up	jmdn. bei sich übernachten lassen
ring s.o. up	jmdn. anrufen
sit down	sich hinsetzen
stand up	aufstehen
switch s.th. off	etw. ausschalten
switch s.th. on	etw. an-/einschalten
take s.th. off	etw. ausziehen
throw s.th. away	etw. wegwerfen
try s.th. on	etw. anprobieren
try s.th. out	etw. ausprobieren
turn s.o. down	jmdm. etw. ablehnen

turn s.th. down	etw. ablehnen; etw. leiser stellen
turn s.th. off	etw. ausschalten
turn s.th. on	etw. an-/einschalten
turn up	erscheinen, auftauchen, kommen
turn s.th. up	etw. lauter stellen
wake up	aufwachen
wake s.o. up	jmdn. aufwecken
wash up	abspülen (Geschirr usw.)
wash s.th. up	etw. abspülen
write s.th. down	etw. auf-/niederschreiben

What we've now got to find out is how Orville's luggage ended up in Portugal[1].

1.14.2 Die Wortstellung bei *Phrasal Verbs*

Zunächst geht es um Verbindungen ohne Objekt:

1. When did you get up this morning?	Wann bist du heute morgen aufgestanden?
2. I think I'd better lie down for a while.	Ich glaube, ich sollte mich jetzt ein bisschen hinlegen.

Bei Phrasal Verbs *ohne Objekt bleiben Verb und Ergänzung (Präposition bzw. Adverb) grundsätzlich zusammen* (1, 2).

Nun zu den *Phrasal Verbs,* die mit einem Objekt verbunden werden:

3. They put off the meeting till next week.	Sie haben die Sitzung auf nächste Woche verschoben.
4. She put off going to the doctor's until it was too late.	Sie zögerte ihren Besuch beim Arzt hinaus, bis es zu spät war.
5. He put off what he had been planning to do.	Er verschob seine Pläne.

[1] Der Witz spielt auf den ersten Motorflug im Jahre 1903 durch die Amerikaner Wilbur und Orville Wright an. Er nimmt die ärgerliche Tendenz vorweg, dass aufgegebenes Gepäck unterwegs verlorengeht.

Im Allgemeinen steht das Objekt – ob Substantiv (3), Verb (4) oder Satzteil (5) – nach *der Präposition bzw. dem Adverb.*

Einige Ausnahmen:

6. He threw my love letters away. — Er warf meine Liebesbriefe weg.
7. She switched the TV off. — Sie schaltete den Fernseher aus.

Ein kurzes Objekt *kann* zwischen *Verb und Präposition bzw. Adverb stehen (6,7).*

So hätte Satz 3 auch wie folgt lauten können:

They put the meeting off till next week.

Für Pronomen (wie *him, them, it, her* usw.) ist diese Position bei vielen Phrasal Verbs sogar die einzig mögliche:

She wrote down my phone number. → She wrote it down.
She wrote my phone number down. → She wrote it down.

Schließlich gibt es eine Reihe von *Phrasal Verbs,* die in der Regel nicht getrennt werden:

8. Go home, Joey – Mrs Watkins is looking after you while we're in Tenerife.

Nun flieg endlich nach Hause, Joey! Mrs. Watkins passt doch auf dich auf, während wir auf Teneriffa sind!

Einige Phrasal Verbs *werden normalerweise nicht durch ein Objekt getrennt (8). Bei solchen* Phrasal Verbs *steht* s.o. *bzw.* s.th. *(in der Liste auf Seite 125 – 127)* hinter *der Präposition bzw. dem Adverb (z.B.* look after s.o.*).*

Nur im *sehr gestelzten formellen Englisch* kann man diese Verbindungen voneinander trennen:

9. At what is she looking, may I ask? — Was betrachtet sie, wenn ich fragen darf?

Viel üblicher wäre:

10. What is she looking at? — Was sieht sie sich an?

1.15 Wünsche und wie man sie ausdrückt

1.15.1 Wünsche, die sich auf die Vergangenheit beziehen

1. I wish (that) I'd (= had) gone to the party last night.	Ich wünschte, ich wäre gestern abend auf die Party gegangen.

> *Das* Past Perfect *wird verwendet bei Sätzen, die mit* I wish *eingeleitet werden und die Bedauern über etwas Vergangenes ausdrücken (1) (siehe auch dazu Kapitel 1.4, S. 25).*

1.15.2 Wünsche, die man für die Gegenwart hegt

1. I wish (that) I had a job.	Ich wünschte, ich hätte Arbeit.
2. I wish I could speak a foreign language.	Ich wünschte, ich könnte eine Fremdsprache sprechen.
3. I wish I were rich.	Ich wünschte, ich wäre reich.

> *Die* einfache Vergangenheit *wird verwendet, um Gegenwartswünsche auszudrücken (1). Es ist auch möglich,* could *zu verwenden (2). Bei dem Verb „sein" verwendet man sehr oft* I/he/she were *(3). Es ist auch möglich,* was *zu verwenden.*

4. I wish (that) people would drive more carefully.	Ich wünschte, man würde vorsichtiger fahren.

> *Bringt man im Englischen zum Ausdruck, dass man wünschte, andere oder Dritte täten etwas, wird das Hilfsverb* would *eingesetzt.*

1.15.3 *It's time …*

1. It's time they stopped making silly excuses.	Es wäre an der Zeit, dass sie aufhören, uns mit dummen Ausreden zu kommen.
2. It's high time Thomas had a haircut.	Es wäre höchste Zeit, dass Thomas sich die Haare schneiden läßt.

> *Nach* It's time … / It's high time … / It's about time … *verwendet man die* einfache Vergangenheit*, um über die Gegenwart zu sprechen.*

1.16 Frageform und Verneinung

1.16.1 Die Frageform

Folgende Frageform ist für Deutschsprachige relativ unproblematisch:

1. Is he angry at you?	Ist er sauer auf dich?
2. Have you been on holiday?	Waren Sie im Urlaub?
3. Will you marry me?	Heiratest du mich?
4. Must you make such stupid comments all the time?	Musst du ständig diese dummen Kommentare abgeben?

Fragesätze mit be *(1) und den Hilfsverben* have *(*have seen, have said *usw.) (2),* will *(*will go *usw.) (3),* can, could, may, might, must *(4),* should, need *und* ought *werden wie im Deutschen durch einfache Umstellung von Subjekt und Hilfsverb gebildet. Im Gegensatz zum Deutschen steht das Hauptverb nicht am Ende des Satzes (4).*

In vielen Fällen unterscheidet sich die Satzgliedfolge im Englischen grundsätzlich von der im Deutschen:

5. Do you think I'm crazy? — Glaubst du, ich bin verrückt?
6. Did you see her face? — Hast du ihren Gesichtsausdruck gesehen?
7. Did you have a nice time? — Habt ihr eine schöne Zeit gehabt?

8. Do you have one with fewer buttons? — Haben Sie einen mit weniger Knöpfen?

Ansonsten werden Fragen folgendermaßen gebildet:
do/does *(Präsens) bzw.* did *(Vergangenheit) +* Infinitiv *ohne* to *(5–8).*

Die Satzgliedstellung ist wie folgt:

		Subjekt	Prädikat *(Verb)*	Objekt
Aussagesatz		*She*	*likes*	*him.*
Fragesatz	*Does*	*she*	*like*	*him?*

Folgende Handhabung gilt, wenn der Satz ein Fragewort enthält:

9. When did you get here? — Wann bist du angekommen?
10. Where does he live? — Wo wohnt er?
11. Who sold you this old car? — Wer hat dir denn dieses alte Auto verkauft?
12. Which unit comes next? — Welche Lektion kommt als nächste?

Fragen mit Fragewörtern wie when, why, which *usw. werden ebenfalls mit* do + *Infinitiv ohne* to *gebildet (9,10).*
Ausnahme: wenn das Fragewort Subjekt *(11) oder* Teil des Subjekts des Satzes *ist (12). Dann folgt das Verb ohne Umschreibung mit* do*.*

1.16.2 Die Verneinung

1. That isn't/That's not fair.	Das ist ja nicht fair!
2. We haven't decided where we're going on holiday yet.	Wir haben noch nicht entschieden, wohin wir in Urlaub fahren.
3. I won't tell anyone, I promise.	Ich sag's niemandem, versprochen!
4. You shouldn't say things like that.	Du solltest solche Dinge nicht sagen.
5. She might not like you.	Vielleicht mag sie dich nicht.

Sätze mit be *(1) und den Hilfsverben* have *(2),* will *(3),* can, could, must, should *(4),* need *und* dare *bilden die Verneinung durch Anhängen von* -n't.
Bei den Hilfsverben may, might *und* ought (to) *sowie zur Betonung fügt man* not *hinzu (5). Gelegentlich findet man auch* mightn't *und* oughtn't.

Beachten Sie dabei:

- *I am / I'm* wird zu *I'm not*, betont auch *I am not*.
- *I can* wird zu *I can't*, betont auch *I cannot* (zusammengeschrieben!).
- *I will / I'll* wird zu *I won't*, betont auch *I will not*.

Bei den anderen Verben verhält es sich ähnlich wie bei der Frageform. Es wird mit einer Form von *do* umschrieben:

6. I don't know where my glasses are.	Ich weiß nicht, wo meine Brille ist.
7. I didn't mean it like that.	So hab' ich's nicht gemeint.
8. I didn't have time to give you a ring.	Ich hab' keine Zeit gehabt, dich anzurufen.

Die anderen Verben bilden die Verneinung wie folgt:
don't/doesn't *(Präsens) bzw.* didn't *(Vergangenheit) + Infinitiv ohne* to *(6, 7).*
Das gilt auch, wenn have *Vollverb ist (8).*
Nur zur Betonung bzw. im förmlichen Stil wird not *voll ausgeschrieben.*

Abschließend eine Besonderheit, die für das britische Englisch charakteristisch ist: Im Präsens gibt es für *have* im Sinne von „besitzen, haben" zwei mögliche Formen der Verneinung:

9. I haven't got / I don't have many friends.	Ich hab' nicht viele Freunde.

1.16.3 Die verneinte Frage

Verneinte Fragen sind in der Regel rhetorisch – d. h. man rechnet mit einer zustimmenden bzw. mit gar keiner Antwort:

1. Isn't this a lovely party?	Ist das nicht eine tolle Party?
2. Can't you look where you're going?	Können Sie nicht ein bisschen besser aufpassen?
3. Don't you realize what that means?	Weißt du nicht, was das bedeutet?

Bei verneinten Fragen wird -n't *an das erste Verb (meist Hilfsverb) angehängt (1–3).*

! *am I* wird zu *aren't I*!

1.16.4 Kurzantworten

Sehr idiomatisch sind Kurzantworten wie folgende:

1. – "Do you understand?"	– „Verstehen Sie das?"
– "Yes, I do. / No, I don't."	– „Ja (, ich verstehe). / Nein (, ich verstehe das nicht)."
2. – "Can we go now?"	– „Können wir jetzt gehen?"
– "Yes, we can. / No, we can't."	– „Ja (, können wir). / Nein (, können wir nicht)."
3. – "Did you remember the passports?"	– „Hast du an die Reisepässe gedacht?"
– "Yes, I did. / No, I didn't."	– „Ja (, hab' ich). / Nein (, hab' ich nicht)."
4. – "Have you been to America?"	– „Warst du schon in Amerika?"
– "Yes, I have. / No, I haven't."	– „Ja (, war ich). / Nein (, war ich nicht)."

Bei Kurzantworten wird das erste Verb (meist Hilfsverb) des Fragesatzes wiederholt (1–4).

1.16.5 Frageanhängsel

Wenn man sich bei einer Frage die Zustimmung des Gespächspartners wünscht oder erhofft, fügt man im Deutschen oft ein Anhängsel wie „nicht wahr?", „gell?", „ne?", „oder?" usw. am Ende der Frage hinzu. Im Englischen werden solche rhetorischen Fragen wie folgt gehandhabt:

1. You are a friend of Mark's, aren't you?	Sie sind doch ein Freund von Mark, nicht wahr?
2. You have invited Rosie, haven't you?	Du hast Rosie schon eingeladen, gell?
3. We can't ask her to do that, can we?	Das können wir doch nicht von ihr verlangen, oder?

4. You never were street-wise, were you?

Mann, du hast aber auch nie gewusst, wo's langgeht!

Bei Fragen, die eine Bestätigung erwarten oder erhoffen, provozieren oder einfach eine Aussage emotional hervorheben wollen, werden be, have *und die Hilfsverben (*will, can, must, should *usw.) wiederholt (sogenannte Frageanhängsel).*
Bei einem bejahten Satz erscheint das Frageanhängsel in der verneinten Form (1, 2), bei einem verneinten Satz in der bejahten Form (3, 4).

Da Fragen mit anderen Verben mit *do* gebildet werden, empfehlen wir zunächst einen Zwischenschritt: Bilden Sie als erstes eine „normale Frage", bis das Ganze automatisch abläuft; z. B.:

5. You know the answer.	→ Do you know the answer?	→ You know the answer, don't you?
6. She travels a lot.	→ Does she travel a lot?	→ She travels a lot, doesn't she?
7. He came home late	→ Did he come home late?	→ He came home late, didn't he?

Die Vollverben (außer be *und* have*) bilden Frageanhängsel mit der entsprechenden Form von* do *(5–7).*
Auch hier erscheint in einem bejahten Satz das Frageanhängsel in der verneinten Form und umgekehrt.

1.16.6 Besondere Anwendungen von *do* und *did*

1. You really do work too much, that's why you look so tired.	Du arbeitest wirklich zu viel, deshalb siehst du auch so müde aus.
2. I don't mind working, but I do sometimes complain about my colleagues.	Die Arbeit macht mir nichts aus, aber ich beklage mich doch manchmal über meine Kollegen.
3. They did say that they would help me, but now they seem to have forgotten.	Sie haben zwar gesagt, dass sie mir helfen würden, aber jetzt haben sie es anscheinend vergessen.

Durch den zusätzlichen Gebrauch von do/did *wird der durch das Hauptverb ausgedrückte Vorgang nachdrücklich hervorgehoben und betont (1). Diese Hervorhebung unterstreicht häufig einen Gegensatz (2) und drückt einen Widerspruch (3) aus.*

2 Die Artikel

2.1 Der unbestimmte Artikel

Hier geht es um die englischen Entsprechungen von „ein(e)" usw. So unscheinbar diese Wörter sein mögen, sie stellen dennoch eine der häufigsten Fehlerquellen Englischlernender dar. Deswegen gehen wir ganz gezielt auf die Probleme ein, die Deutschsprachige erfahrungsgemäß mit dem unbestimmten Artikel im Englischen haben.

2.1.1 Die Bildung des unbestimmten Artikels

Die Bildung des unbestimmten Artikels ist sehr viel einfacher als die der deutschen Artikel, denn es gibt nur zwei Formen, die zu lernen sind:

1. a meeting
2. a train
3. a hotel
4. a unit
5. an apple
6. an orange
7. an hour
8. an uncle

Der unbestimmte Artikel a *steht vor Wörtern, die in der Aussprache mit einem Konsonanten (Mitlaut wie* b,g,m,n *usw.) beginnen (1–4). Die Schreibung ist dabei unerheblich (vgl. 4:* unit*, gesprochen* ['juːnɪt]*).*

Der unbestimmte Artikel an *steht vor Wörtern, die in der Aussprache mit einem Vokal (*a,e,i,o,u*) beginnen (5–8). Auch hier ist die Schreibweise irrelevant (vgl. 7:* hour*, gesprochen* ['aʊə]*. Das „*-n*" von* an *wird beim Sprechen mit dem darauf folgenden Wort verbunden (vgl.* an apple*, gesprochen* [ən'æpl]).

2.1.2 Der Gebrauch des unbestimmten Artikels

1. I thought he was an Englishman, too, but in fact he's Irish.	Ich dachte auch, dass er Engländer sei, aber er ist eigentlich Ire.
2. – "Are you a Germanist?"	– „Sind Sie Germanist?"
– "No, I'm a Catholic."	– „Nein, ich bin Katholik."
3. At first sight I would never have guessed you were a plastic surgeon.	Auf den ersten Blick wär' ich nie darauf gekommen, dass Sie Schönheitschirurg sind.
4. He's a boy scout.	Er ist Pfadfinder.

5. "Good morning, I'm a Jehovah's Witness, fourth dan[1]." „Guten Morgen, ich bin Zeuge Jehovas, vierter Dan."

Im Gegensatz zum Deutschen wird der unbestimmte Artikel im Englischen bei Angaben zu Staatsangehörigkeit (1), Konfession (2, 5), Beruf (3) und ganz allgemein bei Gruppenzuordnungen *(2, 4) verwendet.*

Noch ein wichtiger Unterschied zum deutschen Gebrauch:

6. Would you like to be a princess? Möchtest du Prinzessin sein?
7. He's an MP (= Member of Parliament). Er ist Unterhausabgeordneter.

Aber:

8. She's MP for Southend-on-Sea. Sie ist Unterhausabgeordnete für Southend-on-Sea.

Auch bei Titeln *(6) und* Ämtern *(7) wird im Englischen der unbestimmte Artikel verwendet.*
Ausnahme: Den Titel bzw. das Amt kann nur eine *Person innehaben →* kein *unbestimmter Artikel (8)!*

Auch in folgenden Fällen gibt es Unterschiede zwischen Deutsch und Englisch:

9. As an expert in this field I should know. Als Experte auf diesem Gebiet muss ich es doch wissen.
10. I'm afraid I'm not much good as an artist. Ich bin als Künstler leider nicht sehr begabt.

Aber:

11. As Chairman he has all the power he needs. Als Vorsitzender hat er alle Macht, die er braucht.

[1] Leistungsgrad beim Karate, Judo usw.

Nach as (= als) *wird in der Regel im Englischen der unbestimmte Artikel gebraucht (9,10).*

Ausnahme: Das betreffende Amt o. ä. kann nur eine Person innehaben (11).

12. The apples are only 25p a pound. What's wrong with them?	Die Äpfel kosten nur 25 Pence das Pfund. Was stimmt da nicht?
13. He can do over 50 miles an hour on his new bike.	Mit seinem neuen Fahrrad schafft er über 80 km/h.
14. We go to church at least twice a year.	Wir gehen mindestens zweimal im Jahr in die Kirche.

Bei Angaben zu Preis *(12),* Geschwindigkeit *(13),* Häufigkeit *(14) o. ä. entspricht das englische* a/an *dem deutschen „pro", „je", „in der/im ..." usw.*

15. I've told you a hundred times not to talk with your mouth full!	Ich hab' dir schon hundertmal gesagt, dass du nicht mit vollem Mund reden sollst!
16. He says he's had over a thousand girlfriends.	Er sagt, dass er über tausend Freundinnen gehabt hat.

Vor hundred *und* thousand *steht im Englischen* a *(15,16) bzw. (zur Betonung)* one.

Bisher behandelten wir ausschließlich Fälle, in denen der unbestimmte Artikel nur im Englischen gebraucht wird. Den umgekehrten Fall gibt es aber auch:

17. Quick, I need some information on flight times!	Schnell, ich brauch' eine Information über Flugzeiten!
18. Did he have any advice for you?	Hatte er einen Ratschlag für dich?
19. I've got good news and bad news for you.	Ich hab' eine gute und eine schlechte Nachricht für dich.

Bei information, news *und* advice *steht im Englischen kein unbestimmter Artikel. Stattdessen verwendet man* some *(17) bzw. in Fragen und in der Verneinung* any *(18) oder auch gar nichts (19).*
Wenn man betonen möchte, dass es sich um eine *Information usw. handelt, kann man auch* a piece of *sagen.*

Einen weiteren wichtigen Unterschied zum Deutschen stellt eine Reihe von Gegenständen dar, die für Englischsprachige gewissermaßen aus zwei gleichen Teilen bestehen und deswegen in der Grammatik oft als „pairs" (= *Paare*) bezeichnet werden:

20. I'd like a different pair of trousers, please.	Ich hätte gerne eine andere Hose.
21. Do you need glasses or something?	Brauchst du eine Brille oder was?

Bei folgenden Wörtern wird im Englischen der unbestimmte Artikel nicht verwendet. Stattdessen sagt man some bzw. any, a pair of (20) oder auch gar nichts (21). Die Liste ist der besseren Übersichtlichkeit halber nach Sachgruppen unterteilt.

(a pair of) glasses	eine Brille
(a pair of) trousers	eine Hose
(a pair of) jeans	(eine) Jeans
(a pair of) shorts	(eine) Shorts
(a pair of) swimming trunks	eine Badehose
(a pair of) underpants	eine Unterhose
(a pair of) panties	ein Damenslip
(a pair of) pants	eine Unterhose[1]
(a pair of) pyjamas	ein Schlafanzug
(a pair of) scissors	eine Schere
(a pair of) scales[2]	eine Waage

Diese Wörter werden im Englischen alle im Plural gebraucht.

2.1.3 Der unbestimmte Artikel als Zahlwort

Der unbestimmte Artikel *a/an* ist im Englischen zugleich ein Zahlwort. Er wird nur dann verwendet, wenn das jeweilige Substantiv auch „gezählt" werden und im Plural stehen kann. Wenn ein Substantiv nicht zählbar ist, also keine Pluralform hat, kann es mit dem unbestimmten Artikel nicht verbunden werden. Das ist im Deutschen nicht anders (man sagt z. B. nicht „ein Mitleid") und bereitet im Allgemeinen keine Probleme.

Allerdings kann man im Deutschen bei feststehenden Ausdrücken wie „was für ein(e)", „so ein(e)" oder „solch ein(e)" usw. den unbestimmten Artikel verwenden, obwohl das dazugehörige Substantiv gar nicht im Plural stehen kann. In solchen Fällen wird im Englischen *a/an* nicht verwendet:

1. What a lovely hat!	Was für ein schöner Hut!
2. What rotten luck!	So ein Pech!
3. What terrible weather!	Was für ein furchtbares Wetter!
4. I've never seen such beautiful snow.	Ich hab' noch nie so einen schönen Schnee gesehen.

Nur wenn das anschließende Substantiv zählbar ist, wird nach what bzw. such der unbestimmte Artikel benutzt (1). Ansonsten steht kein Artikel (2–4).

! Ein paar Tipps: Fragen Sie sich, ob man „*two* + Substantiv" sagen kann – dann ist das Wort auch zählbar, z. B. *hat* → *two hats*. *Snow* aber steht nur im Singular.

Außerdem: Die meisten *abstrakten* Begriffe können nur im Singular stehen (z. B. *happiness*, *anger* usw.).

Beachten Sie jedoch: *What a pity! / What a shame!* = *Wie schade!*

---

[1] Im amerikanischen Englisch bedeutet *pants* „eine Hose". S. Anhang Amerikanisches Englisch, S. 148.
[2] Heute findet man auch *a scale*.

2.1.4 Die Stellung des unbestimmten Artikels

Bei der Stellung von *a/an* haben Deutschsprachige nur selten Probleme. Aber auch hier gibt es ein paar Sonderfälle zu beachten:

1. We only met half an hour ago.	Wir haben uns erst vor einer halben Stunde kennen gelernt.
2. She waited for quite a while.	Sie wartete eine ziemlich lange Zeit.
3. That's rather a / a rather personal question.	Das ist eine ziemlich persönliche Frage.

Der unbestimmte Artikel steht in der Regel nach half *und* quite *(1, 2) und wahlweise vor oder nach* rather *(3).*

Beachten Sie:
- „Ein halbes Jahr" wird normalerweise im britischen Englisch mit *six months* wiedergegeben.
- Im amerikanischen Englisch hört man auch *a half hour*.

Noch ein Unterschied in der Wortstellung:

4. She's got a room of her own / her own room now.	Sie hat jetzt ein eigenes Zimmer.
5. We'd love to have a house of our own.	Wir hätten so gern ein eigenes Haus.

Die übliche englische Entsprechung von „ein eigener/eigenes, eine eigene" usw. ist:
a/an + *Substantiv* + of my/your/his/her/its/our/their own *bzw.*
my/your/his/her/its/our/their own + *Substantiv (4, 5).*

2.1.5 Redewendungen mit dem unbestimmten Artikel

Zu guter Letzt ein paar nützliche Redewendungen, die man am besten auswendig lernen sollte:

have a headache	Kopfweh haben
have a temperature	Fieber haben
be in a hurry	es eilig haben
make a noise	Lärm machen
What do you do for a living?	Was machen Sie beruflich?
for a change	zur Abwechslung
for a long time	lange
as a rule	in der Regel
as a whole	als Ganzes
three (four *usw.*) times in a row[1]	dreimal (viermal usw.) hintereinander
without a break	ohne Unterbrechung

[1]wörtlich: *in a row* = „in einer Reihe", also „hintereinander"

2.2 Der bestimmte Artikel

Wir wenden uns jetzt den englischen Entsprechungen von „der, die, das" usw. zu.

2.2.1 Die Bildung des bestimmten Artikels

So kompliziert wie der bestimmte Artikel im Deutschen mit seinen drei Geschlechtern und den verschiedenen Fällen ist das englische Gegenstück nicht:

1. the table	der Tisch	3. the knife	das Messer
2. the fork	die Gabel	4. the spoons	die Löffel

Der bestimmte Artikel im Englischen heißt the, ganz egal, ob das Substantiv im Deutschen männlich, weiblich oder sächlich ist (1–3).
Diese Form gilt auch für den Plural (4).

Allein in der Aussprache gilt es, einen wichtigen Unterschied zu beachten:

5. the coast	die Küste	7. the hotel	das Hotel
6. the island	die Insel	8. the hour	die Stunde

Vor Wörtern, die in der Aussprache *mit einem Konsonanten beginnen, spricht man* the [ðə] *aus (5,7).*

Vor Wörtern, die in der Aussprache mit einem Vokal anfangen, sagt man [ðiː] *(6, 8).*

Die Form [ðiː] *wird auch zur Betonung verwendet:*
This is the [ðiː] chance! – *Das ist die Gelegenheit (schlechthin)!*

2.2.2 Der Gebrauch des bestimmten Artikels

Ganz allgemein muss man feststellen: Der bestimmte Artikel im Englischen wird nicht so häufig gebraucht wie seine deutsche Entsprechung. Im Folgenden wird eine Reihe von Fällen behandelt, in denen der bestimmte Artikel im Deutschen verwendet wird, im Englischen dagegen nicht:

1. Are you looking forward to going to school?	Freust du dich denn darauf, in die Schule zu kommen?
2. Do I have to go to church every Sunday, Mum?	Muss ich denn jeden Sonntag in die Kirche, Mama?
3. Nicole was taken to hospital.	Nicole wurde ins Krankenhaus gebracht.
4. When does your dad get out of prison, Brian?	Wann wird dein Papa aus dem Gefängnis entlassen, Brian?
5. I can't get out of bed in the mornings.	Ich komm' morgens einfach nicht aus dem Bett.

Folgende Wörter werden ohne the *gebraucht, sofern ihre Funktion als Institution oder Einrichtung im Vordergrund steht:*

school *(1)*, college, university*;* work*;* church *(2);* hospital *(3);* prison *(4)*, court*;* bed *(5).*

Allerdings ist der Gebrauch von *the* mit diesen Wörtern auch möglich:

6. Hey, Mike, there's a fire at the school – let's go and cheer!	Hey, Mike, die Schule brennt! Gehen wir doch hin und schreien „Hurra"!
7. My wife took a photo of the church.	Meine Frau hat die Kirche fotografiert.
8. Mum's at the hospital visiting Dad's latest victim.	Mama ist im Krankenhaus und besucht Papas jüngstes Opfer.
9. Johnny is giving another live concert in the prison tomorrow.	Johnny gibt morgen wieder ein Live-Konzert im Gefängnis.
10. She told him to hide under the bed.	Sie sagte ihm, er solle sich unterm Bett verstecken.

Der bestimmte Artikel the *wird bei* school, church, hospital, bed *usw. verwendet, wenn der* konkrete Gegenstand *(z. B. das Gebäude) gemeint ist (6–10).*

Bei Verkehrsmitteln sieht der Gebrauch des bestimmten Artikels ganz ähnlich aus:

11. – "Did you come by car?" – "No, I didn't. I came by bike."	– „Sind Sie mit dem Auto gekommen?" – „Nein. Ich bin mit dem Fahrrad da."

Verbindungen aus by + *Verkehrsmittel (als allgemeine Transportmöglichkeit) stehen* *ohne* the *(11).*

Ganz anders ist es aber in folgenden Fällen:

12. The train was late, the bus broke down, and the taxi didn't turn up at all.	Der Zug hatte Verspätung, der Bus hatte eine Panne, und das Taxi kam überhaupt nicht.

Der bestimmte Artikel wird bei Verkehrsmitteln verwendet, wenn man an einen ganz bestimmten *Bus, Zug o.ä. denkt (12), z. B. „der Zug, mit dem ich gekommen bin".*

Nun zu Zeitangaben:

13. Things are quiet around here in February.	Hier ist im Februar nicht viel los.
14. I start my new job on Monday .	Den neuen Job fang' ich am Montag an.

Monate sowie Wochen- und Festtage stehen im Englischen – sofern sie als allgemeine Zeitangaben *gebraucht werden – ohne* the *(13, 14).*

Natürlich gibt es auch hier die Ausnahme:

15. The Christmas that you broke your right arm was one to remember.	An das Weihnachtsfest, an dem du dir deinen rechten Arm gebrochen hast, werde ich mich immer erinnern.
16. I'll never forget the Monday after my 30th birthday	Den Montag nach meinem 30. Geburtstag werde ich nie vergessen!

[1]Im amerikanischen Englisch, aber zunehmend auch im britischen Englisch, wird die Präposition *on* bzw. *in* oft nicht verwendet: *"See you Monday."*

Nur wenn von einem ganz bestimmten *Monat bzw. Wochen- oder Festtag die Rede ist – also einem, der durch einen Zusatz näher definiert ist –, wird im Englischen der bestimmte Artikel verwendet (15, 16).*

! Bei Jahreszeiten ist der Gebrauch von *the* nach einer Präposition (wie *in*) möglich, aber nicht sehr gebräuchlich:

17. What's the weather like in (the) winter here? — Wie ist das Wetter hier im Winter?

Werden Jahreszeiten durch eine Jahreszahl näher bestimmt, wird in der Regel der bestimmte Artikel verwendet:

18. We first met in the summer of 1993. — Wir trafen uns zum ersten Mal im Sommer 1993.

Wir kommen zu den Mahlzeiten:

19. Lunch is nearly ready. — Das Mittagessen ist fast fertig!
20. I'll come after dinner. — Ich komme nach dem Abendessen.

Bei Namen von Mahlzeiten *wird im Englischen im Allgemeinen* <u>kein</u> *bestimmter Artikel gebraucht (19, 20).*

Ausnahmen:

21. The dinner we had there was simply magnificent. — Das Abendessen, das wir dort bekamen, war einfach einmalig.

Nur wenn die Bezeichnung einer Mahlzeit durch eine Zusatzangabe näher definiert *ist, wird der bestimmte Artikel im Englischen verwendet (21).*

Auch bei Namen gelten die bisher aufgeführten Regeln:

22. What's wrong with Wendy? — Was hat denn (die) Wendy?
23. Where's Dad? — Wo ist denn (der) Papa?

24. Lord! – Something must have happened to old Walter! — Um Gottes willen! Dem alten Walter muss etwas passiert sein!

25. Dr Barker is an excellent physician. — (Die) Frau Doktor Barker ist eine ausgezeichnete Ärztin.

Personennamen im Singular sowie Verwandtschaftsbezeichnungen werden in der Regel <u>*ohne*</u> the *gebraucht (22, 23).*

Das gilt auch, wenn ein Adjektiv oder ein Titel davorsteht (24, 25).

Aber auch hier wirkt sich eine einschränkende Bemerkung auf den Gebrauch des bestimmten Artikels aus:

26. The Alison I mean was in my class at school. — Die Alison, die ich meine, ging mit mir in die Schule.

Wird der Name durch eine Zusatzbemerkung *eingeschränkt, dann steht der bestimmte Artikel davor (26).*

Im Plural sieht es bei Namen etwas anders aus – normalerweise wird im Deutschen kein Artikel verwendet, im Englischen dagegen ist er zwingend. Auch wenn der Artikel im Deutschen meist weggelassen wird: Im Englischen muss er verwendet werden.

27. We've been invited to the Coopers for brunch. — Wir sind bei (den) Coopers zum Brunch eingeladen.

Bei Familiennamen im Plural *wird der bestimmte Artikel im Englischen – oft anders als im Deutschen – immer verwendet (27).*

Nun ein paar wichtige Informationen zu geographischen Bezeichnungen:

28. We'd planned to go to Turkey, but in the end we went skiing in Switzerland. — Wir wollten ursprünglich in die Türkei, aber am Schluss sind wir dann zum Skilaufen in die Schweiz gefahren.
29. We used to live in Vinicombe Street. — Früher wohnten wir in der Vinicombe Street.
30. The demonstration ended at Trafalgar Square. — Die Demonstration endete am Trafalgar Square.
31. Mount Everest is the highest mountain in the world. — Der Mount Everest ist der höchste Berg der Erde.
32. We spent our last summer holidays at Lake Geneva. — Unseren letzten Sommerurlaub verbrachten wir am Genfer See.

Bezeichnungen von Ländern *(28),* Straßen *(29),* Plätzen *(30),* Bergen *(31) und* Seen *(32) stehen im Englischen in der Regel* <u>*ohne*</u> the.

Pluralnamen sind dagegen für Deutschsprachige unproblematisch:

33.	the Philippines	die Philippinen	35.	the Bahamas	die Bahamas
34.	the Channel Islands	die Kanalinseln	36.	the Alps	die Alpen

Musikinstrumente stellen einen der seltenen Fälle dar, in denen der bestimmte Artikel im Englischen – im Gegensatz zum Deutschen – verwendet werden kann:

37. She can play the guitar and the piano. — Sie kann Gitarre und Klavier spielen.

Aber:

38. He plays bass guitar for "The Jingles". — Er ist Bassist bei den „Jingles".

Bei Musikinstrumenten *wird im Englischen der bestimmte Artikel verwendet (37).*

Ausnahme: Besonders bei der Bezeichnung von Besetzungen in Popgruppen u. ä. steht oft wie im Deutschen kein Artikel (38).

Nun zum letzten wichtigen Unterschied zwischen den beiden Sprachen in diesem Abschnitt:

39. He put his arm around her.	Er legte den Arm um sie.
40. He broke his nose skateboarding.	Er hat sich beim Skateboardfahren die Nase gebrochen.
41. She took off her coat.	Sie zog den Mantel aus.

Aber:

42. He looked her in the eye and said, "No way!"	Er sah ihr in die Augen und sagte: „Niemals!"

Bei Körperteilen *und* Kleidungsstücken *wird im Englischen – im Gegensatz zum Deutschen – das Possessivpronomen* (my, your, his, her, its, our, their) *verwendet (39–41).*

Ausnahme: Wenn die Person, von deren Körperteil bzw. Kleidungsstück die Rede ist, nicht Subjekt des Satzes ist, dann lautet die Struktur in der Regel wie in Beispiel 42:

Subjekt	+	Verb	+	Personalpronomen	+	Präposition	+	*the*	+	Körperteil bzw. Kleidungsstück
She		*took*		*him*		*by*		*the*		*arm.*

2.2.3 Der bestimmte Artikel bei abstrakten Begriffen

Gerade bei abstrakten Begriffen neigen deutschsprachige Englischlernende dazu, *the* viel zu oft zu gebrauchen. Hier einige Beispiele für die richtige englische Entsprechung der deutschen Abstrakta:

1. He's one of those idiots who think they can change society.	Er ist einer jener Idioten, die glauben, die Gesellschaft ändern zu können.
2. Religion means nothing to me.	(Die) Religion bedeutet mir nichts.

Abstrakte Begriffe wie love, hate, happiness, anger, luck, man *(= der Mensch),* woman *(= die Frau),* posterity *(= die Nachwelt) usw. werden in der Regel ohne* the *gebraucht (1, 2).*

3. Personally, I don't think television is that great. — Ich für meinen Teil halte das Fernsehen für nicht so toll.

Bei diesem Witz geht es übrigens nicht um den konkreten Fernsehapparat, sondern um das Fernsehen als „Institution".

Beachten Sie auch:

4. What's on (the) television [*gesprochen auch*: (the) telly] tonight? — Was kommt heute Abend im Fernsehen?

Zurück zu den abstrakten Begriffen. Was passiert, wenn diese durch einen Zusatz modifiziert werden?

5. True love is hard to find. — (Die) wahre Liebe lässt sich nur schwer finden.
6. German industry is going downhill. — Mit der deutschen Industrie geht es bergab.

Aber:

7. The German car industry is doing quite well. — Der deutschen Automobilindustrie geht es ganz gut.

Im Allgemeinen werden abstrakte Begriffe auch dann <u>*ohne*</u> the *verwendet, wenn ein Adjektiv* <u>*vor*</u> *ihnen steht (5, 6), die Begriffe aber in ihrer nicht weiter eingeschränkten Gesamtbedeutung gesehen werden. Der durch das Adjektiv „verengte" Begriff wird in diesem Fall in seinem Gesamtumfang betrachtet.*
Ausnahme: Wenn durch das Adjektiv das Substantiv so präzisiert wird, dass es bewusst als bestimmter Teilbereich eines größeren Ganzen *erscheint (7), wird der bestimmte Artikel* the *gesetzt.*

Wenn die Modifizierung aber erst *nach* dem Substantiv erfolgt, gilt folgende Handhabung:

8. The love she found was not to last. — Die Liebe, die sie fand, sollte nicht lange währen.

9. The people sitting at the back of the room started to talk.	Die Leute, die im hinteren Teil des Raumes saßen, begannen sich zu unterhalten.

Aber:

10. People of my generation don't like hard rock.	Die Leute meiner Generation mögen keinen Hardrock.

> *Abstrakte Begriffe mit* nachfolgender *Modifizierung werden meistens mit* the *verbunden (8, 9). Oft spielt dabei auch eine Rolle, dass der Begriff vorher schon einmal erwähnt wurde.*
> *Ausnahme: wenn es sich* trotz der Modifizierung eindeutig um eine Verallgemeinerung *handelt (10).*

Entscheidend ist immer, ob der Begriff als etwas Allgemeines (*ohne the*) oder als etwas Spezifisches (*mit the*) gesehen wird.

2.2.4 Die Wortstellung beim bestimmten Artikel

Wie beim unbestimmten Artikel gibt es bei der Wortstellung relativ wenige Problemfälle:

1. The fun fair offers double the fun for half the price.	Das Volksfest bietet den doppelten Spaß zum halben Preis.
2. All the seats were taken.	Alle Plätze waren besetzt.
3. Both (the) flats were very expensive.	Beide Wohnungen waren sehr teuer.

> The *steht hinter* half, double *und* all *(1, 2). Gelegentlich erscheint es auch hinter* both, *jedoch* nie *davor (3)!*

Bei *most* hängt die Formulierung von der Bedeutung ab:

4. Most men find her attractive.	Die meisten Männer finden sie attraktiv.
5. Did the group like her? Most of the men found her attractive.	Mochte die Gruppe sie? Die meisten (der) Männer fanden sie attraktiv.

> Most ohne the *wird bei allgemeinen Aussagen verwendet (4).*

> Most of the + *Substantiv deutet an, dass es sich um die Mehrheit* in einer bestimmten Gruppe *handelt (5).*

3 Das Substantiv

3.1 Der Plural

3.1.1 Die Bildung des Plurals

Alles in allem ist die Bildung des Plurals (der Mehrzahl) im Englischen nicht so kompliziert wie im Deutschen:

1.	car	–	cars	3.	name	–	names
2.	camera	–	cameras	4.	song	–	songs

Der Plural des Substantivs wird meistens durch Anhängen von -s an den Singular gebildet (1–4).

Es gibt jedoch eine Reihe von Ausnahmen:

5.	bus	–	buses	8.	church	–	churches
6.	pass	–	passes	9.	fax	–	faxes
7.	crash	–	crashes				

Substantive, die auf -s, -ss, -sh, -ch oder -x enden, bekommen im Plural -es angehängt (5–9).

10.	body	–	bodies	12.	fly	–	flies
11.	brandy	–	brandies	13.	hobby	–	hobbies

Aber:

14.	toy	–	toys	15.	play	–	plays

- *Bei Substantiven, die mit einem -y nach einem* Konsonanten *(b, d, p usw.) enden, wird das -y im Plural zu -ies (10–13).*
- *Wenn ein -y am Ende nach einem* Vokal *erscheint, wird einfach ein -s angehängt (14, 15).*

3.1.2 Unregelmäßige Pluralformen

Auch im Englischen gibt es unregelmäßige Pluralbildungen, die auswendig gelernt werden sollten:

1. The shelves I put up yesterday fell down in the middle of the night.	Die Regale, die ich gestern aufgestellt habe, sind mitten in der Nacht heruntergefallen.

Bei Substantiven, die auf -f bzw. -fe enden, wird aus dem -f(e) im Plural -ves (1). Einige wichtige Beispiele:

half	–	halves	leaf	–	leaves	life	–	lives
loaf	–	loaves	knife	–	knives	shelf	–	shelves
wife	–	wives	wolf	–	wolves			

Manche Wörter können zusätzlich den Plural durch Anhängen von -s bilden:

hoof – hooves/hoofs[1]
scarf – scarves/scarfs
dwarf – dwarves/dwarfs[2]
wharf – wharves/wharfs[3]

Bei der Endung -o ist die Sache nicht so eindeutig:

2. My daughter loves tomatoes.	Meine Tochter isst sehr gerne Tomaten.
3. She eats two kilos of them a day.	Sie isst zwei Kilo davon am Tag.
4. She also likes avocado(e)s.	Sie mag auch gerne Avocados.

Viele Substantive, die auf -o enden, bilden den Plural auf -oes (3). Einige wichtige Beispiele: cargo – cargoes[4], hero – heroes, potato – potatoes, torpedo – torpedoes

Andere dagegen haben einfach -s im Plural (4). Das gilt grundsätzlich für folgende Kategorien:

- *Kurzformen (wie* kilo – kilos, photo – photos*)*
- *Völkernamen (wie* Eskimo – Eskimos, Filipino – Filipinos, Navajo – Navajos*)*
- *Wörter mit fremdem Einschlag, die anderen Sprachen entlehnt wurden (wie* dynamo – dynamos, fiasco – fiascos, macho – machos, piano – pianos*)*
- *Wörter, in denen dem End-o ein Vokal vorangeht (wie* radio – radios, rodeo – rodeos, studio – studios, video – videos*)*

Schließlich ist bei einer Reihe von Wörtern, die auf -o enden, die Wahl zwischen der Endung -os und -oes im Plural möglich (5), z.B.:

buffalo, mango, mosquito, motto, tornado, volcano, yoyo, zero

Nun zur Mehrzahl des Wortes *man*:

5. Do you notice many differences between Englishmen and German men?	Stellst du viele Unterschiede zwischen Engländern und deutschen Männern fest?
6. The Germans are not so polite.	Die Deutschen sind nicht so höflich.

Das Wort man *hat in der Regel die Pluralform* men*, und zwar auch bei zusammengesetzten Substantiven (5). Vgl. auch:*

woman – women, Frenchman – Frenchmen, Scotsman – Scotsmen *usw.*

Manche Pluralbildungen gehen auf alte Formen zurück und müssen auswendig gelernt werden:

7. I can't dance – I've got two left feet.	Ich kann nicht tanzen – ich hab' zwei linke Füße!

Folgende Wörter haben ganz unregelmäßige Pluralformen:

child – children
mouse – mice
foot – feet
tooth – teeth
goose – geese

[1] *hoof:* Huf; [2] *dwarf:* Zwerg; [3] *wharf:* Kai; [4] im Amerikanischen *cargos*

Andere Substantive sehen im Plural nicht anders aus als im Singular:

8. I tried counting sheep, but the batteries in my calculator ran out. — Ich hab's mit Schäfchen-Zählen versucht, aber die Batterien meines Taschenrechners haben den Geist aufgegeben.

Folgende Substantive haben dieselbe Form im Plural wie im Singular:
deer – deer[1] fish – fish[2] salmon – salmon[3] sheep – sheep trout – trout[4]

Das gilt auch für Nationalitätsbezeichnungen auf -ese und -ss:
Chinese – Chinese Japanese – Japanese Swiss – Swiss

Nun zu den Zahlen:

9. I'll take three dozen of these. — Ich nehme davon drei Dutzend.
10. There was a 50-mile speed limit on the M1. — Auf der Autobahn M1 gab es eine Geschwindigkeitsbegrenzung auf 80 Kilometer.
11. She married a seven-foot tall basketball player. — Sie heiratete einen über zwei Meter großen Basketballspieler.

Nach einer Zahl wird kein Plural -s an die Form von dozen, hundred, thousand, million usw. angehängt (9). Die Wörter bleiben unverändert.

Bei Maßangaben aus Zahl + Substantiv *steht das Substantiv in der Singularform, wenn es in* attributiver *Stellung gebraucht wird (d.h. vor einem anderen Substantiv, vgl. 10,11).*

Aber: The speed limit spread over 50 miles.

Folgendes gilt für zusammengesetzte Substantive:

12. I can't stand day trips to holiday resorts. — Ich kann Tagesausflüge zu Ferienorten nicht ausstehen!
13. The poor man has had two mothers-in-law. — Der Arme hat schon zwei Schwiegermütter gehabt.

Die meisten zusammengesetzten Substantive haben die Pluralform beim zweiten Element (12).

Bei einigen Zusammensetzungen (besonders solchen mit Substantiv plus Präposition) erhält das erste Element *die Pluralendung (13). Hier einige andere wichtige Beispiele:*
brother-in-law – brothers-in-law, father-in-law – fathers-in-law[5] usw.;
passerby – passersby

Bei einigen wenigen erhalten beide Elemente Pluralformen:
woman driver – women drivers; woman priest – women priests

Schließlich sind bei ein paar Zusammensetzungen zwei Pluralformen möglich:
spoonful – spoonfuls oder (seltener) spoonsful

[1] *deer:* Hirsch, Reh; [2] *fishes* wird auch gebraucht, besonders wenn es um verschiedene Arten von Fisch geht; [3] *salmon:* Lachs; die Regelung gilt auch für andere Fischarten; [4] *trout:* Forelle; [5] aber: *in-laws:* angeheiratete Verwandte

3.1.3 Der Gebrauch des Plurals

Bereits in Kapitel 2.1 über den unbestimmten Artikel sind wir einer Reihe von englischen Wörtern begegnet, die – im Gegensatz zum Deutschen – nur im Plural gebraucht werden (vgl. S.88). Hier noch einmal eine Übersicht:

Folgende Substantive stehen immer im Plural und erscheinen mit der Pluralform des Verbs:

engl. Plural	dt. Singular	engl. Plural	dt. Singular
clothes	Kleidung	pyjamas	Schlafanzug
congratulations	Glückwunsch	scales[4]	Waage
glasses, spectacles	Brille	scissors	Schere
goods	Ware	surroundings	Umgebung
headquarters[1]	Zentrale	swimming trunks	Badehose
jeans	Jeans(hose)	thanks	Dank
outskirts	Stadtrand	tights	Strumpfhose
pants	Unterhose[2]	trousers	Hose
police[3]	Polizei	underpants, briefs	Unterhose

Andererseits gibt es auch einige englische Substantive, die im Gegensatz zu ihren deutschen Entsprechungen keine Pluralform bilden. Auch hier eine Übersicht:

Folgende Wörter stehen nie im Plural:

engl. Plural	dt. Singular	engl. Plural	dt. Singular
advice	Rat(schlag), Ratschläge	knowledge	Wissen, Kenntnis(se)
furniture	Möbel	news[5]	Nachricht(en)
information	Information(en)	progress	Fortschritt(e)

Noch eine Besonderheit:

1. The committee has/have decided to have another meeting. — Das Komitee hat beschlossen, noch eine Sitzung abzuhalten.

[1] Bei diesen Wörtern steht das Verb gelegentlich auch im Singular; [2] im Amerikanischen „Hose"; [3] Trotz seiner Singularform wird dieses Wort als Plural aufgefasst; [4] Man findet heutzutage auch *a scale*; [5] Trotz *-s* am Ende wird *news* nur im Singular benutzt.

Manche Gruppenbezeichnungen können als Singular oder als Plural betrachtet werden, je nachdem, ob man die Gruppe eher als geschlossene Einheit sieht (Singular) oder an die einzelnen Mitglieder denkt (Plural) (1). Hier die wichtigsten:

army	Armee	gang	Gang
audience	Zuschauer, -hörer	government	Regierung
class	Klasse	group	Gruppe
club	Club	jury	Geschworene
company	Firma	orchestra	Orchester
congregation	Gemeinde	public	Öffentlichkeit
crew	Besatzung, Crew	staff	Personal
family	Familie	team	Team

Im amerikanischen Englisch werden diese Wörter in der Regel nur mit Verben im Singular verbunden. Auch im britischen Englisch könnten Sie folgender Variante begegnen:

2. The government has decided to publicize their policy document.
   Die Regierung hat beschlossen, ihr Programm zu veröffentlichen.

Gelegentlich „ändert sich die Perspektive" des Muttersprachlers innerhalb eines Satzes (2). Diese Betrachtungsänderung innerhalb eines Satzes wird aber nicht zur Nachahmung empfohlen!

Auch der nächste Fall ist eine Frage der Betrachtungsweise:

3. One hundred thousand dollars isn't nearly a large enough settlement, Your Honour. I think my client deserves something, too.

   Einhunderttausend Dollar sind bei weitem nicht genug, Euer Ehren. Ich finde, mein Mandant sollte auch ein bisschen was haben.

Wenn eine Zahl oder Summe als Gesamtheit *betrachtet wird, steht das dazugehörige Verb im Singular (3).*

Bei Substantiven, die auf *-ics* enden, gilt Folgendes:

4. I'm studying politics – it's a fascinating subject.
   Ich studiere Politik – es ist ein faszinierendes Fach.
5. People began to realize his politics were failing.
   Die Leute merkten allmählich, dass seine Politik scheiterte.

Substantive, die auf -ics *enden, werden als Singular betrachtet, wenn sie ein Schul- bzw. Universitätsfach, einen Wissenschaftsbereich oder eine Disziplin anderer Art bezeichnen (4). Noch einige Beispiele:*

acoustics	Akustik	linguistics	Sprachwissenschaft
athletics	Leichtathletik	maths[1], mathematics	Mathe, Mathematik
economics	Wirtschaftswissenschaft	physics	Physik
gymnastics	Gymnastik	statistics	Statistik

Manche (wie acoustics, economics, politics, statistics*) werden auch als* Plural *gebraucht, wenn sie* nicht *als Fachbezeichnung verwendet werden (5).*

Einige Fremdwörter sind besonders tückisch:

6. The media has been hounding Andy for days.	Die Medien sind seit Tagen hinter Andy her.
7. I think this graffiti is very artistic.	Ich halte diese Graffiti für sehr kunstvoll.
8. This data is not very convincing.	Diese Daten sind nicht sehr überzeugend.

Eine Reihe von Fremdwörtern wird trotz ihrer Pluralform oft als Singular *verstanden und gebraucht (6–8).*

Weitere Beispiele sind: strata *(Sg. oder Pl.),* visa *(Pl. visas),* spaghetti *(nur Sg.).*

Schließlich gibt es einige Wörter, die im Singular und Plural jeweils eine andere Bedeutung haben:

Singular		Plural	
damage	Schaden, Schäden	damages	Schadenersatz
hair	Haar, Haare	hairs	(einzelne) Haare[2]
stair	Stufe	stairs	Treppe
step	Steinstufe	steps	Steintreppe

[1] Im amerikanischen Englisch heißt das Fach *math*; [2] etwa auf der Brust oder von der Katze

3.2 Der Genitiv

Der Genitiv wird gebraucht, wenn es um Besitz im weitesten Sinne geht. Deshalb ist er im Deutschen auch als Besitzfall oder Wesfall bekannt.

3.2.1 Die Bildung des Genitivs

Achten Sie in folgenden Beispielsätzen auf die unterschiedliche Handhabung bei *Menschen und Tieren* einerseits und *Dingen* andererseits:

1. My uncle's beard is almost three feet long.	Der Bart meines Onkels ist fast einen Meter lang.
2. I've told you a dozen times not to take away the dog's biscuits.	Ich hab' dir schon ein Dutzend Mal gesagt, du sollst die Hundekekse nicht wegnehmen!

3. He's the boss's favourite.

Er ist der Liebling des Chefs.

4. Your friends' flat is lovely.	Die Wohnung deiner Freunde ist reizend.
5. The children's school uniforms are expensive.	Die Schuluniformen der Kinder sind teuer.

Aber:

6. We're just in the middle of the meal.	Wir sind gerade mitten im Essen.

Der Genitiv wird wie folgt gebildet:

- *Bei* Menschen und Tieren im Singular *fügt man ein -'s an das Substantiv an (1,2).*

  Wenn das Wort schon mit -s endet, hängt man ebenfalls ein -'s an (3). Auch ein einfacher Apostroph (-') ist möglich[1].

- *Bei* Menschen und Tieren im Plural *wird bei regelmäßiger Pluralform ein* einfacher Apostroph *(-') hinzugefügt (4).*

[1] Es hätte im dritten Beispiel also auch *the boss' favourite* stehen können (ebenfalls ['bɔsɪz] ausgesprochen).

- *Bei* unregelmäßigen Pluralformen *wird, wie beim Singular, ein -'s hinzugefügt (5); vgl. auch* men's socks, the women's 100 metres *usw.*

Diese Formen werden als s-Genitiv bezeichnet.

- *Bei* Dingen *wird meistens* of the *vorangesetzt (6).*

Diese Form nennt man den of-Genitiv.

3.2.2 Der Gebrauch des Genitivs

Dinge werden zwar in der Regel mit *of the* verbunden, aber nicht immer:

1. She fell in love with Canada's natural beauty.	Sie hat sich in Kanadas natürliche Schönheit verliebt.
2. Florence's museums attract thousands of visitors every year.	Die Museen von Florenz ziehen jährlich Tausende von Besuchern an.
3. Did you see the picture of me in yesterday's newspaper?	Hast du das Bild von mir gestern in der Zeitung gesehen?

Der s-Genitiv ist bei manchen Dingen neben dem of-Genitiv möglich (1–3). Diese Form ist besonders gebräuchlich bei Orts- und Ländernamen (1, 2) sowie bei Zeitangaben wie last night, today, yesterday *usw. (3).*

Im Zweifelsfall sollten Sie jedoch den *of*-Genitiv benutzen, auch wenn es sich um einen Satz wie den folgenden handelt:

4. This is the signature of the man who delivered the package.	Das ist die Unterschrift des Mannes, der das Paket lieferte.

Nur durch den Gebrauch von *of* kann der Bezug des Relativsatzes (*who delivered the package*) zum Subjekt (*the man*) deutlich vermittelt werden. Eine Formulierung wie: *This is the man's signature who delivered the package* klingt unbeholfen und außerdem verwirrend.

Nun zu Zeitangaben:

5. There was a minute's silence during the match.	Das Spiel wurde durch eine Schweigeminute unterbrochen.
6. There will be six weeks' delay in the delivery of your toilet.	Es wird eine sechswöchige Verzögerung bei der Lieferung Ihres WC geben.
7. See you again in three days' time.	Wir sehen uns in drei Tagen wieder.

Der s-Genitiv wird bei Zeitangaben verwendet, wenn auf die Zeitangabe ein Substantiv folgt (5–7)[1].

Dabei erscheint -'s bei Zeitangaben im Singular *(5) und -s' bei* Zeitangaben im Plural *(6, 7).*

[1] Im Beispiel 6 wäre folgende Formulierung auch möglich gewesen: *a six-week delay*.

3.2.3 Der Genitiv ohne nachfolgendes Substantiv

Besonders in der gesprochenen Sprache sind folgende Kurzformen des Genitivs sehr gebräuchlich:

1. – "That's Janine's coat." – "No it's not, it's David's."	– „Das ist Janines Mantel!" – „Stimmt doch nicht, er gehört David!"

*Wenn aus dem Zusammenhang klar hervorgeht, worauf sich der Genitiv bezieht, kann das nachfolgende Substantiv (*Bezugswort*) entfallen (1).*

Auch in anderem Zusammenhang darf das Bezugswort fehlen:

2. I've got to go to the dentist's tomorrow.	Ich muss morgen zum Zahnarzt.
3. I'll probably stay the night at my aunt's.	Ich übernachte wahrscheinlich bei meiner Tante.
4. – "Where were you?" – "I was at David's."	– „Wo warst du?" – „Ich war bei David."

Bei Geschäften, Arztpraxen *u. ä. (2) sowie bei Angaben zu* privaten Unterkünften *(3, 4) wird in der Regel auf das Bezugswort (z.B.* shop, office, house, flat *usw.) verzichtet, da dieses als bekannt vorausgesetzt wird.*

3.2.4 Der „doppelte" Genitiv

Beachten Sie folgende Strukturen, die ganz anders sind als im Deutschen:

1. He's a client of Mr Burk's / of my sister's.	Er ist Klient von Herrn Burk / meiner Schwester.
2. She's dating a cousin of mine.	Sie geht zur Zeit mit einem Cousin von mir.

Wenn vor dem Bezugswort a/an, this/that *usw. oder ein Zahlwort (*two, three *usw.) steht, wird meistens der sogenannte „doppelte" Genitiv gebraucht (1, 2).*
Dieser besteht aus:

of + (the/my *usw.) Substantiv mit* s-Genitiv *bzw.*
of + *substantivischem Possessivpronomen* (mine, yours, his, hers, ours, theirs)

Dieser Gebrauch deutet auch darauf hin, dass es sich um einen Teil einer Gruppe handelt (die Übersetzung zu Beispiel 2 könnte auch lauten: ... mit einem meiner Cousins ...).

3.3 Großschreibung der Substantive

Im Gegensatz zum Deutschen werden die englischen Substantive in der Regel kleingeschrieben. Auf die Ausnahmen zu dieser Regel richten wir unser Augenmerk in diesem Kapitel.

1. Do we have to invite your mother to dinner at Easter?	Müssen wir deine Mutter an Ostern zum Essen einladen?

Nur in wenigen Fällen werden englische Substantive großgeschrieben (1).

Englische Wörter aus folgenden Bereichen werden großgeschrieben:

Eigennamen, Titel, Anreden:	Matthew; Mr Parrot, Dr Rita Hardy, Judge Miller; Grandad, Auntie Liz
Völkernamen und Sprachen:	the Germans, the Scots, the Welsh; Japanese, Russian
Orts- und Ländernamen:	Venice, Bangkok, Los Angeles; Belgium, Australia
Wochentage, Monate:	Wednesday; February, December
Feste:	New Year's Day, Christmas, Thanksgiving Day, Whitsun
Religiöse Bezeichnungen:	God; Jew, Hindu, Moslem, Baptist; Islam, Catholicism, Buddhism; the Bible
Historische Ereignisse und Bezeichnungen:	Magna Carta, the Indo-China War, the Treaty of Versailles
Institutionen und Organisationen:	the Royal Academy of Arts, the Samaritans
Buch-, Film- und Musiktitel, Denkmäler und Kunstwerke usw.:	The Name of the Rose[1], Schubert's Unfinished Symphony, Nelson's Column, The Rape of Europa

2. And what about me? Do you think I want to stay at home?	Und was ist mit mir? Glaubst du, ich will zu Hause bleiben?

Im Gegensatz zum Deutschen wird die englische Entsprechung von „ich", I, großgeschrieben (2).

[1] Bei Buch- und Filmtiteln werden in der Regel das erste und das letzte Wort sowie alle Substantive und die sinntragenden Adjektive großgeschrieben. Klein bleiben generell Artikel (*a, the*), Präpositionen (*in, on*) und Konjunktionen (*and, but*)

Bei den Jahreszeiten ist die Handhabung nicht so eindeutig:

3. I can't wait for summer – we're going to Greece on holiday.	Ich kann den Sommer kaum erwarten – wir fahren nämlich nach Griechenland in Urlaub.

Die vier Jahreszeiten spring, summer, autumn *(BE; AE:* fall*) und* winter *werden meistens kleingeschrieben (3), erscheinen aber auch gelegentlich in der Großschreibung.*

Bei Schulfächern dagegen herrscht die umgekehrte Tendenz:

4. Today is Monday so we've got two hours of Maths and no English.	Heute ist Montag – also haben wir zwei Stunden Mathe und kein Englisch.

*Schul- und Studienfächer (*Geography, Biology, Maths[1] *usw.) werden meistens großgeschrieben (4), können aber – abgesehen von den Fremdsprachen (*French, English, Latin *usw.) – auch kleingeschrieben werden.*

Namen und Anreden sind ebenfalls etwas kompliziert:

5. What's for dinner, Dad?	Was gibt's zum Abendessen, Papa?
6. Nobody bakes bread like my mum.	Niemand bäckt Brot so wie meine Mama.

Namen bzw. Anreden wie Dad, Mum, Uncle Hugh, Granny *usw. werden meistens großgeschrieben (5). Wenn sie jedoch nach einem Possessivpronomen erscheinen (*my, his *usw.), werden sie in der Regel kleingeschrieben, da sie dann als „normale" Substantive gelten (6).*

Abschließend ein paar Anmerkungen zu Abkürzungen:

7. Hello, RSPCA[2]?

Hallo, Tierschutzverein?

[1] Im amerikanischen Englisch heißt das Fach *Math*; [2] RSPCA [ˌaːrespiːsiːˈeɪ]: die Abkürzung für "Royal Society for the Prevention of Cruelty to Animals": der allein im Auto gelassene Hund greift zum Autotelefon, um den Missstand dem Tierschutzverein zu melden

8. Get back to me asap[1]! Melde dich so bald wie möglich!

> *Abkürzungen von Organisationen o.ä. werden in der Regel großgeschrieben (7).*

> *Manche Abkürzungen, besonders solche aus dem Alltag, werden auch kleingeschrieben (8). Vgl. auch* pto [ˌpiːtiːˈəʊ] *für* please turn over *(„bitte wenden").*

3.4 Das grammatische Geschlecht der Substantive

Unbelebte englische Substantive sind im Allgemeinen „geschlechtsneutral". Auch bei Berufsbezeichnungen und dergleichen wird nur relativ selten zwischen männlichen und weiblichen Vertretern des Berufs unterschieden:

1. boss	Chef	(female) boss	Chefin
2. cousin	Cousin	(female) cousin	Cousine
3. doctor	Arzt	(lady/female) doctor	Ärztin
4. politician	Politiker	(female) politician	Politikerin
5. pupil	Schüler	(female) pupil	Schülerin
6. priest	Priester, Pfarrer	(woman/female) priest	Priesterin
7. teacher	Lehrer	(woman/lady/female) teacher	Lehrerin

Nun zu Berufen, die früher fast ausschließlich von Frauen ausgeübt wurden:

8. midwife	Geburtshelferin	(male) midwife	Geburtshelfer
9. model	Mannequin	(male) model	Dressman
10. nurse	Krankenschwester	(male) nurse	Krankenpfleger

> *Bei Berufen, die in der Regel von Frauen ausgeübt werden, fügt man bei der männlichen Berufsbezeichnung manchmal* male *hinzu (8–10), besonders dann, wenn aus dem Zusammenhang nicht klar hervorgeht, ob es sich um eine weibliche oder männliche Person handelt.*

Oft weist schon das Pronomen *she* bzw. *he* darauf hin, so dass eine weitere Hervorhebung durch *male* überflüssig erscheint. Das Gleiche gilt auch umgekehrt für *woman*, *female* bzw. *lady* (1–7).
Bei einigen Substantiven trennt man jedoch noch streng zwischen Damen und Herren:

11. actor	Schauspieler	actress[2]	Schauspielerin
12. boyfriend[3]	Freund	girlfriend[3]	Freundin
13. waiter	Kellner, „Ober"	waitress	Kellnerin, „Fräulein"

> *Bei einigen Substantiven gibt es unterschiedliche Bezeichnungen für Männer und Frauen (11–13). Diese sollte man einfach als Vokabeln lernen.*

[1] asap [ˌeɪeseɪˈpiː]: die Abkürzung für "as soon as possible"; [2] Auch *actor* wird inzwischen für eine Schauspielerin gebraucht; [3] Wenn Liebe im Spiel ist, wird unterschieden, ansonsten meist nur *friend*

In letzter Zeit entwickelt sich der Sprachgebrauch weg von solchen traditionellen „weiblichen" Bezeichnungen hin zu neutralen, nicht mehr geschlechtsspezifischen Begriffen. Wir raten Ihnen, generell die „neutrale" Form auch in Bezug auf Frauen zu verwenden, wo dies möglich ist. Weibliche Berufsbezeichnungen wie folgende werden heutzutage meistens als leicht herabwürdigend angesehen:

früher:		heute:	
14. authoress	→	(female) author	Schriftstellerin
15. conductress	→	(female/woman) conductor	Dirigentin
16. manageress	→	(female) manager	Managerin
17. mayoress	→	(lady) mayor	Bürgermeisterin

Diese Tendenz zur „Neutralisierung" hat auch dazu geführt, dass das Wort *-man* in Zusammensetzungen heutzutage oft durch *-person* o.ä. ersetzt wird: *spokesman* (Sprecher) → *spokesperson, fireman* → *firefighter*.

4 Die Pronomen

4.1 Die Personalpronomen

Pronomen – das ist ein Fremdwort aus dem Lateinischen mit der Bedeutung „für den Namen“ (*pro + nomen*). Personalpronomen werden auch persönliche Fürwörter genannt. Die englische Entsprechung *pronoun* erhellt die Bedeutung noch näher, denn ein Pronomen steht anstelle eines Substantivs (*pro + noun*).

4.1.1 Die Form der Personalpronomen im Englischen

Während es bei den persönlichen Pronomen im Deutschen noch vier verschiedene grammatische Fälle gibt (Nominativ, Genitiv, Dativ, Akkusativ), hat das Englische nur zwei, nämlich den Subjektfall und den Objektfall.

Darüber hinaus gibt es nur *eine* Form der Anrede (*you*), die sowohl Singular und Plural (*du / ihr*) als auch die familiäre und höfliche Anrede (*du / Sie)* abdeckt.

Die Übersicht:

Subjekt		Objekt	
I	ich	me	mich/mir
you	du; Sie	you	dich/dir; Sie/Ihnen
he	er	him	ihn/ihm
she	sie	her	sie/ihr
it	es; er; sie	it	es/ihm; ihn/ihm; sie/ihr
we	wir	us	uns
you	ihr; Sie	you	euch; Sie/Ihnen
they	sie *(Plural)*	them	sie/ihnen *(Plural)*

4.1.2 Der Gebrauch der Personalpronomen im Englischen

Zunächst zum Gebrauch bei Lebewesen:

1. Look at the tigress – she's so beautiful. — Schau dir mal die Tigerin an – sie ist einfach wunderschön.
2. I've got a pet rabbit. His name is "Fluffy". — Ich habe einen Hasen als Haustier. Er heißt „Fluffy“.

3. He got sick to death of his ladder, bell and mirror.

Er hatte den Schnabel voll von seiner Leiter, der Glocke und dem Spiegel!

4. She gave the monkey a banana and it bit her.
   Sie gab dem Affen eine Banane, woraufhin er sie biss.
5. The female eagle remains near the nest to guard her eggs.
   Das Adlerweibchen bleibt in der Nähe ihres Nests, um ihre Eier zu bewachen.

- *Neben den Menschen unterscheidet man bei* Haustieren *und anderen Tieren, wenn man eine* emotionale Beziehung *betonen will, nach dem Geschlecht (*he/she*) (1–3).*
- *Bei* Tieren, *zu denen eine „sachliche Beziehung" dargestellt werden soll, verwendet man* it *(4), außer wenn es um spezifische geschlechtliche Unterschiede geht (5).*

Nun zu den Sachen und Dingen:

6. – "Where's my teddy bear?"
   – "I put it on your bed."
   – „Wo ist mein Teddybär?"
   – „Ich habe ihn auf dein Bett gelegt."
7. That's a good idea. I think I'll use it in my next story.
   Das ist ein guter Einfall. Ich glaube, ich werde ihn in meiner nächsten Geschichte verwenden.
8. See the white yacht? She's all mine!
   Siehst du die weiße Jacht? Sie gehört mir ganz alleine!

Dinge *und* abstrakte Begriffe *werden in der Regel als sächlich betrachtet (6, 7), es sei denn, man hegt eine besonders innige Beziehung zu ihnen. Dies ist gelegentlich der Fall bei Autos, Booten und dergleichen, die dann als* weiblich *angesehen werden (8).*

4.1.3 Die Stellung der Personalpronomen

Wenn Sie sich die Übersetzungen der Pronomen im Objektfall in der Übersicht zu Anfang des Kapitels genau angesehen haben, haben Sie sicherlich gemerkt, dass diese Pronomen gleich *zwei* deutsche Entsprechungen haben:

1. I saw him in town. *(direktes Objekt)*
   Ich hab' ihn in der Stadt gesehen.
2. I gave him the message. *(indirektes Objekt)*
   Ich hab' ihm die Nachricht gegeben.

In Sätzen mit einem *Substantiv* als *direktem* Objekt und einem *Pronomen* als *indirektem* Objekt bestehen folgende Möglichkeiten in der Wortstellung:

3. We showed the video to them.	Wir zeigten ihnen das Video.
oder	
4. We showed them the video.	Wir zeigten ihnen das Video.
5. She bought the socks for him.	Sie kaufte die Socken für ihn.
oder	
6. She bought him the socks.	Sie kaufte ihm die Socken.

Bei bestimmten Verben können die Präpositionen to *und* for *in Verbindung mit einem Personalpronomen entfallen. In diesem Fall folgt das Pronomen unmittelbar auf das Verb (4,6).*
Zu solchen Verben in Verbindung mit to *zählen z.B.:*
bring, give, hand, lend, offer, owe, pass *(= reichen),* promise, sell, send, show, teach, tell, write

Verben mit for *sind u.a.:*
buy, cook, fetch, find, get *(= holen),* leave *(= über-, hinterlassen),* make

Wenn beide Objekte Pronomen sind, sieht die Wortstellung wie folgt aus:

7. We showed it to them.	Wir zeigten es ihnen.
oder	
8. We showed them it.	Wir zeigten es ihnen.
9. She bought them for him.	Sie kaufte sie für ihn.
oder	
10. She bought him them.	Sie kaufte sie ihm.

Bei zwei Objekten in Form von Pronomen bestehen folgende Möglichkeiten:
Verb + direktes Objekt + Präposition + indirektes Objekt (7, 9)

bzw. – anders als im Deutschen:
Verb + indirektes Objekt + direktes Objekt (8, 10)

4.1.4 Objektform im Englischen, Subjektform im Deutschen

Eine kleine Besonderheit zum Abschluss:

1. Hello, Samaritans? It's me again …

   Hallo, Telefonseelsorge, ich bin's wieder …

2. I thought it was them. — Ich dachte, dass sie es waren.
3. It was her – I recognized her face. — Sie war's – ich hab' ihr Gesicht erkannt.
4. – "Who wants to come?" — – „Wer will mit?"
   – "Me!" — – „Ich!"

Nach it is / it was usw. (1–3) sowie in Kurzantworten (4) wird die Objektform der Personalpronomen verwendet (me statt I, them statt they usw.)[1].

Das Verb steht in Sätzen wie Beispiel 2 im Singular (im Gegensatz zum Deutschen!).

4.2 Die Possessivpronomen

Die Possessivpronomen – oder besitzanzeigenden Fürwörter – bezeichnen die englischen Entsprechungen von „mein", „meine", „meinem", „meiner", „meines" usw. Auch hier gibt es nicht so viele verschiedene Formen zu lernen wie im Deutschen.

4.2.1 Die adjektivischen Possessivpronomen

Hier haben wir es wieder einmal mit dem hintergründigen englischen Humor zu tun:

1. So then she called me an egoist and went home to my mother-in-law.

   Dann nannte sie mich einen Egoisten und ging heim zu meiner Schwiegermutter.

2. You should be very proud, I hear your son's in advertising.

   Sie sollten sehr stolz sein – ich hab' gehört, dass Ihr Sohn in der Werbebranche tätig ist.

[1] vgl. aber auch Kapitel 5.4 „Der Vergleich", S.135

Die adjektivischen Possessivpronomen sind im Englischen unveränderlich *(1, 2). Hier die Übersicht der verschiedenen Formen:*

my	mein(e, -es, -er *usw.*)
your	dein *usw.*; Ihr *usw.*
his	sein *usw.*
her	ihr *usw.*
its	sein *usw.*; ihr *usw.*
our	unser *usw.*.
your	euer *usw.*; Ihr *usw.*
their	ihr (Plural) *usw.*

4.2.2 its – it's

Achten Sie in den folgenden Sätzen auf den Unterschied zwischen *its* und *it's*:

1. Look at that poor dog – it's limping.	Schau den armen Hund an – der hinkt ja.
2. I think it's hurt its paw.	Ich glaube, er hat sich an der Pfote weh getan.

- Its *(ohne Apostroph) ist ein* Possessivpronomen *und wird in der Regel mit einem Substantiv verbunden (2).*
- It's *(mit Apostroph) ist die Kurzform von* it is *(1) bzw.* it has *(2).*

4.2.3 *one's*

Während die Possessivpronomen im Allgemeinen keinen Apostroph haben, gibt es eine Ausnahme:

1. One has to look after one's money these days.	Man muss heutzutage schon auf sein Geld achten.

One's *(= sein usw.) ist das adjektivische Possessivpronomen zu* one *(= man) und erscheint immer mit einem Apostroph (1).*

Beachten Sie jedoch, dass der Gebrauch von *one etwas unpersönlich* und *förmlich* klingt und somit der Sprachebene vom deutschen „man" nicht unbedingt entspricht. Der Beispielsatz würde natürlicher klingen in der Formulierung: *You have to look after your money these days*.

4.2.4 Das Possessivpronomen bei *someone, everyone* usw.

Es wird Ihnen vielleicht schon aufgefallen sein, dass es im Englischen außer *one's* keine „geschlechtsneutralen" Possessivpronomen gibt. Was macht man dann bei *someone*, *everyone* usw.?

1. Has everyone got his or her ticket ready?	Hat jeder seine Karte bereit?

2. Everyone got their Christmas bonus yesterday.	Alle haben gestern ihr Weihnachtsgeld bekommen.
3. When someone says they want to wash their hands, they often mean that they want to go to the toilet.	Wenn jemand sagt, dass er sich die Hände waschen will, meint er oft, dass er die Toilette benutzen möchte.

Bei someone, everyone *usw. gibt es zwei verschiedene Möglichkeiten für das Possessivpronomen:*

- *das etwas umständliche* his or her *(1)*
- *das grammatisch unlogische* their *(2, 3)*

Bei längeren Sätzen wird their *grundsätzlich bevorzugt, bei kürzeren Sätzen im gesprochenen Englisch ebenfalls.*

Zum Gebrauch der Possessivpronomen bei Körperteilen und Kleidungsstücken vgl. Abschnitt 2.2.2, S. 92.

4.2.5 Die substantivischen Pronomen

Possessivpronomen können auch substantivisch verwendet werden. Ein paar Beispiele machen das deutlich:

1. – "That's my toothpaste you're using!"	– „Das ist meine Zahnpasta, die du da nimmst!"
– "No it's not, it's mine!"	– „Stimmt doch gar nicht, sie gehört mir!"
2. That's a beautiful car. Don't tell me it's yours!	Das ist aber ein wunderschönes Auto. Sag bloß, es ist deins!
3. After 30 years of paying back the mortgage, the house is ours at last.	Nachdem wir 30 Jahre lang unsere Hypothek abbezahlt haben, gehört das Haus jetzt endlich uns!

Substantivische Possessivpronomen ersetzen Possessivpronomen + Substantiv (z.B. my car*). Sie werden, bis auf* mine *und* his*, durch Anhängen von* -s *an das Possessivpronomen gebildet (1–3):*

mine	mein(e)s, meine(r) *usw.*
yours	dein(e)s *usw.*; Ihr(e)s *usw.*
his	sein(e)s *usw.*
hers	ihr(e)s *usw.*
its	sein(e)s *usw.*; ihr(e)s *usw.*
ours	uns(e)res *usw.*
yours	eu(e)res *usw.*; Ihr(e)s *usw.*
theirs	ihr(e)s (Plural) *usw.*

Zum Gebrauch von *... of mine* usw. vgl. Abschnitt 3.2.4, S. 103.

4.3 Die Reflexivpronomen

Die Reflexivpronomen werden auch als rückbezügliche Fürwörter bezeichnet, weil sie die Handlung auf den Handelnden rückbeziehen (z. B. „ich wasche mich", „er ärgert sich").

4.3.1 Die Bildung der Reflexivpronomen

Im Englischen sehen die Reflexivpronomen so aus:

1. He cuts himself every time he shaves.	Er schneidet sich jedes Mal, wenn er sich rasiert.

2. I can help you, George, but first you have to admit to yourself that you have a problem.

Ich kann dir schon helfen, George, aber du musst dir erst eingestehen, dass du ein Problem hast[1].

> *Die Reflexivpronomen myself, yourself usw. entsprechen dem deutschen „mich/mir", „dich/dir" usw. (1,2). Hier eine Übersicht:*

I could see myself.	Ich konnte mich sehen.
You could see yourself.	Du konntest dich/ Sie konnten sich sehen.
He could see himself.	Er konnte sich sehen.
She could see herself.	Sie konnte sich sehen.
It could see itself.	Es/Er/Sie konnte sich sehen.
One could see oneself.	Man konnte sich sehen.
We could see ourselves.	Wir konnten uns sehen.
You could see yourselves.	Ihr konntet euch/ Sie konnten sich sehen.
They could see themselves.	Sie konnten sich sehen.

[1] In Großbritannien wird die Milch zum Teil noch vom *milkman* frühmorgens an die Haustür gebracht, was manche Vögel dazu verleitet, mit dem Schnabel den Aludeckel zu durchbohren, damit sie sich an der sahnigen Milch oben in der Flasche laben können.

4.3.2 Der Gebrauch der Reflexivpronomen

Der wichtigste Unterschied zum Deutschen besteht darin, dass es keineswegs zu jedem deutschen Reflexivpronomen ein entsprechendes englisches gibt:

1. I can't concentrate on my homework with all that noise going on.	Ich kann mich bei dem ganzen Krach nicht auf meine Hausaufgaben konzentrieren.
2. Hurry up! The taxi's been waiting for ten minutes!	Beeil dich! Das Taxi wartet schon seit zehn Minuten!

Eine Reihe gängiger englischer Verben hat – im Gegensatz zu ihren deutschen Entsprechungen – kein Reflexivpronomen (1, 2). Hier eine Liste der wichtigsten:

argue / quarrel	sich streiten
change / get changed	sich umziehen
concentrate (on)	sich konzentrieren (auf)
dress / get dressed	sich anziehen
get annoyed	sich ärgern
get ready	sich fertig machen
hurry up	sich beeilen
be interested in	sich interessieren für
look forward to	sich freuen auf
meet	sich treffen
move	sich bewegen
remember	sich erinnern
wash / get washed	sich waschen

4.3.3 selbst/selber

Die *-self*-Form im Englischen hat noch eine weitere Funktion:

1. William says he wrote the play himself.	William behauptet, er habe das Stück selbst geschrieben.

2. I'm an umbrella man myself.

Ich selbst bevorzuge Regenschirme.

3. The burglar himself told the police. — Der Einbrecher selbst hat die Polizei informiert.

Die englischen Reflexivpronomen entsprechen auch dem deutschen „selbst" bzw. „selber". Sie stehen meistens am Ende des Satzes (1, 2) oder zur besonderen Betonung hinter dem Substantiv bzw. Pronomen (3).

4.3.4 *each other/one another* (reziproke Pronomen)

Reziproke Pronomen beschreiben ein gegenseitiges Verhältnis:

1. I don't know why we argue so much – we're not even married to each other.	Ich weiß nicht, warum wir uns so streiten – wir sind nicht mal miteinander verheiratet.
2. Will you stop hitting each other/one another!	Hört endlich auf, euch/einander zu schlagen!

Wenn man dem deutschen Pronomen „sich" usw. das Wort „gegenseitig" bzw. „einander", „miteinander", „voneinander" o.ä. hinzufügen kann, nimmt man im Englischen each other *(bei zwei Handelnden, 1) bzw.* one another *(bei zwei oder mehr Handelnden, 2).*

Noch zwei kontrastierende Beispiele, um den Unterschied zwischen diesem Gebrauch und dem der Reflexivpronomen zu verdeutlichen:

3. They helped themselves.	Sie haben sich bedient.
4. They helped each other.	Sie haben sich (gegenseitig) geholfen.

4.3.5 sich = *her, him* usw.

Das deutsche „sich" bedeutet im Englischen nicht automatisch *himself/herself/itself*:

1. He's always got at least three dogs walking behind him.	Er hat immer mindestens drei Hunde hinter sich hergehen.
2. She didn't have any of her credit cards on her.	Sie hatte keine ihrer Kreditkarten bei sich.

Bei einigen Präpositionen – besonders solchen mit räumlicher Bedeutung *wie* behind, in front of, on *und* over *sowie bei* with *– wird im Englischen meistens das einfache Personalpronomen* him, her *bzw.* it *im Gegensatz zum deutschen Reflexivpronomen gebraucht (1, 2).*

Nur um Missverständnisse zu vermeiden, kann man eventuell auch im Englischen ein Reflexivpronomen gebrauchen:

3. He placed the trophy in front of himself.	Er stellte die Trophäe vor sich hin.

In diesem Fall wäre *... in front of him* möglicherweise verwirrend gewesen, da es sich auf jemand anderen hätte beziehen können.

4.4 Die Demonstrativpronomen und Demonstrativadjektive

In diesem Kapitel geht es uns in erster Linie um die englischen Entsprechungen von „diese(r)“.

4.4.1 Der Gebrauch der Demonstrativpronomen und Demonstrativadjektive

Die englischen Demonstrativpronomen und -adjektive lassen sich in zwei Kategorien aufteilen:

1. Is this your toupet?	Ist das Ihr Toupet?
2. These are my five ex-husbands.	Das sind meine fünf Ex-Ehemänner.
3. Come here this minute!	Komm sofort her!
4. We can't solve these problems overnight.	Diese Probleme können wir nicht von heute auf morgen lösen.
5. I'm finding this heat unbearable.	Diese Hitze ist für mich unerträglich.

This *(Singular) und* these *(Plural) deuten meistens auf etwas Näherliegendes, etwas unmittelbar Vorliegendes oder gerade Erwähntes (1, 2).*

Mit diesen Demonstrativpronomen *kann man auch Zeitangaben und abstrakte Begriffe emotional verstärken (3–5).*

Bei der zweiten Kategorie spielt oft die Distanz (sowohl im räumlichen als auch im übertragenen Sinne) eine wichtige Rolle:

6. That isn't my handwriting.	Das ist nicht meine Handschrift.
7. Those biscuits are fattening.	Die Kekse da machen dick.
8. That's your problem.	Das ist dein Problem.
9. Those were his very words.	Das waren genau seine Worte.
10. That was the end of the matter.	Damit war die Sache erledigt.

That *(Singular) und* those *(Plural) können auf etwas Fernerliegendes deuten (6, 7), sich auf etwas gerade Gesagtes/Erzähltes beziehen (8, 9) oder auch eine gewisse Distanz zu etwas ausdrücken (10).*

Häufig ist die Wahl zwischen *this / these* und *that / those* eine sehr subjektive Frage der Perspektive, und in vielen Fällen sind sie austauschbar:

11. Which shirt do you prefer – this one or that one?	Welches Hemd gefällt dir besser – dieses hier oder das da?

This / these *bzw.* that / those *werden oft im selben Satz zur Unterscheidung zwischen zwei oder mehr Dingen gebraucht (11).*[1]

Der Sprecher könnte in Beispiel 11 durchaus das eine Hemd in der linken Hand halten und das andere in der rechten. Die „Nähe“ bzw. „Ferne“ spielt also hier keine Rolle.

[1] Zum Gebrauch des „Stützworts“ *one* vgl. Kapitel 5.6, S. 137.

Zum Abschluss die emotionale Komponente bei *that / those*:

12. You spoil that dog, Roy!

Du verwöhnst diesen Hund, Roy!

13. I love those chocolates! — Ich liebe diese Pralinen!

That *bzw.* those *wird auch verwendet, um die* negative oder positive Grundeinstellung *des Sprechers zu etwas zu verstärken (12,13).*

4.5 Die Relativpronomen und Relativsätze

4.5.1 Die Bildung der Relativpronomen

Vergleichen Sie folgende Formulierungen:

1. This car has got 50,000 miles on the clock. It's still as good as new.	Dieser Wagen hat 80.000 Kilometer auf dem Tacho. Er ist noch so gut wie neu.
2. This car, which has got 50,000 miles on the clock, is still as good as new.	Dieser Wagen, der 80.000 Kilometer auf dem Tacho hat, ist noch so gut wie neu.

Der zweite Satz klingt etwas eleganter als der erste, da er beide Elemente aus Beispiel 1 in einem Satz zusammenbringt. Diese Verbindung wird durch das Wort *which* ermöglicht – das ist ein Relativpronomen, das einen Relativsatz einleitet.

Hier eine Übersicht über die unterschiedlichen Formen der Relativpronomen:

bei Personen:	bei Sachen:
who, that	*that, which*
who, whom, that	*that, which*
whose	*whose*

4.5.2 Der Gebrauch der Relativpronomen

1. The girl who/that punched you in the face wants to apologize.	Das Mädchen, das dich ins Gesicht geschlagen hat, möchte sich entschuldigen.
2. The CD that/which you gave me is all scratched.	Die CD, die du mir gegeben hast, ist völlig zerkratzt.
3. Our pet mouse, who we thought was a male, has just had nine babies.	Unsere Maus, die wir für einen Mäuserich hielten, hat gerade neun Mäusebabys geworfen.

Im Nominativ oder Subjektfall (1. Fall, Frage: wer?/was?) verwendet man bei Personen who oder that[1] (1) und bei Dingen that[1] oder which (2).

Bei Tieren verwendet man that[1] oder which, bei emotionaler Beziehung zum Tier auch who (3).

4. The lady that/who/whom you just knocked down is my boss.	Die Dame, die Sie gerade umgefahren haben, ist meine Chefin.
5. The biscuits that/which you've brought us taste funny.	Die Kekse, die du uns gebracht hast, schmecken komisch.
6. I'm afraid the dog that/which you bit had rabies.	Leider hatte der Hund, den Sie gebissen haben, Tollwut.

Im Akkusativ oder Objektfall (4. Fall, Frage: wen?/was?) verwendet man bei Personen that/who (seltener whom) (4) und bei Dingen that/which (5).

Bei Tieren verwendet man that/which (6), gelegentlich auch who/whom.

7. Of course I'm bored. I must be the only boy in the world whose father bought him a model houseboat.

Natürlich langweile ich mich! Ich bin wohl der einzige Junge auf der ganzen Welt, der von seinem Vater ein Modellhausboot geschenkt bekommen hat!

[1] *That* ist grundsätzlich nur bei sogenannten unentbehrlichen Relativsätzen (s. unten) und ohne vorangesetzte Präposition (vgl. S.142) möglich.

8. The aircraft whose wing fell off has been repaired.	Das Flugzeug, dessen Tragfläche abgefallen war, ist repariert worden.

Im Genitiv (2. Fall, Frage: wessen?) nimmt man bei Personen (7) und Dingen (8) whose *(„dessen"/„deren").*

Jetzt bleibt nur noch der 3. Fall, den es im Englischen in diesem Sinne gar nicht gibt:

9. We don't really like the woman that Daddy is married to.	Die Frau, mit der Papi verheiratet ist, mögen wir nicht besonders.

förmlich:

... the woman *to whom* Daddy is married ...

10. The house that we lived in in Toronto had a lovely garden.	Das Haus, in dem wir in Toronto wohnten, hatte einen schönen Garten.
11. Who was the man with whom she wrote the piece?	Wer war der Mann, mit dem sie das Stück geschrieben hat?
12. The gateway through which you have just walked is 800 years old.	Das Tor, durch das Sie gerade gegangen sind, ist 800 Jahre alt.

Statt eines Dativs (3. Fall, Frage: wem?/was?) gibt es im Englischen eine Verbindung mit einer Präposition (to, in, with *usw.).*

- *Im Gegensatz zum Deutschen steht die Präposition meistens* hinter *dem Verb bzw. Partizip (9, 10).*
- *Das Relativpronomen lautet bei Personen* that/who *(seltener* whom*) (9,11) und bei Dingen* that/which *(10, 12).*
- *Wenn dem Relativpronomen eine Präposition vorangeht, nimmt man nicht* that, *sondern bei Menschen* whom (by/for/with whom *usw., 11) und bei Dingen* which (on/with/through which *usw., 12).*

4.5.3 Entbehrliche und unentbehrliche Relativsätze

Es gibt zwei verschiedene Arten von Relativsätzen, nämlich entbehrliche und unentbehrliche. Bis vor kurzem konnte man sagen, dass es im Englischen auch ein optisches Kennzeichen für diesen Unterschied gab: die Kommas. Im heutigen Englisch wird die Kommasetzung jedoch nicht mehr so strikt gehandhabt wie früher. Dennoch führen wir hier die traditionellen Regeln auf, um Ihnen den Unterschied zwischen den beiden Typen von Relativsätzen deutlich zu machen.

Fangen wir mit einem „entbehrlichen" Relativsatz an:

1. My grandmother, who writes soap operas, never went to school.	Meine Großmutter, die Seifenopern schreibt, ist nie in die Schule gegangen.

In entbehrlichen Relativsätzen könnte man den Relativsatz herausnehmen oder „ausklammern", ohne die Grundaussage des Satzes zu zerstören (1).

Nimmt man in Beispiel 1 den Relativsatz heraus, erhält man folgende Aussage:

2. My grandmother never went to school.	Meine Großmutter ist nie in die Schule gegangen.

Die Grundaussage bleibt gleich. Was im Relativsatz gesagt wird, ist eine *Zusatzinformation*, die für den Hauptsatz nicht zwingend notwendig ist. Solche Relativsätze sind normalerweise durch Kommas vom Rest des Satzes getrennt, aber – wie vorhin angedeutet – wundern Sie sich nicht, wenn Sie einen entbehrlichen Relativsatz ohne Kommas in einer englischen Zeitung finden:

3. Her father who works in a bank paved the way for her career.	Ihr Vater, der Banker ist, ebnete ihr den Weg für ihre Karriere.

Streng genommen wären in diesem Satz Kommas notwendig, da der Relativsatz lediglich eine Zusatzinformation anbietet.

Nun aber zu den „unentbehrlichen“, den „notwendigen“ Relativsätzen:

4. Men who never stop talking are a pain in the neck.	Männer, die nie aufhören zu reden, sind Nervensägen.

Unentbehrliche Relativsätze *sind* für den Sinn des Gesamtsatzes absolut notwendig *(4). Man kann sie* <u>*nicht ausklammern*</u>*, ohne den Sinn der Gesamtaussage zu entstellen. Sie werden grundsätzlich nicht durch Kommas vom Rest des Satzes getrennt.*

Würde man hier in unserem Beispiel den Relativsatz wegnehmen, bliebe folgende Aussage übrig:

5. Men are a pain in the neck.	Männer sind Nervensägen.

Ein solches Pauschalurteil über die Männer wäre sicherlich nicht gerechtfertigt. Aber an diesem Beispiel erkennt man auch die Hauptfunktion eines solchen Relativsatzes:

Ein unentbehrlicher Relativsatz *bestimmt das Wort näher, auf das er sich bezieht (4).*

Hier noch eine kleine Hilfe, damit Sie die „unentbehrlichen“ Relativsätze besser erkennen können:

! Wenn man im Deutschen „derjenige/diejenige“ usw. sagen könnte, handelt es sich um einen notwendigen Relativsatz.

Es ist besonders deswegen so wichtig, entbehrliche von unentbehrlichen Relativsätzen unterscheiden zu können, weil nur bei unentbehrlichen Relativsätzen eine bestimmte, typisch englische Konstruktion möglich ist. Sehen Sie sich dazu folgende Beispiele an:

6. The bedtime stories (that/which) my father used to tell us were quite scary.	Die Gutenachtgeschichten, die uns mein Vater früher erzählte, waren ziemlich gruselig.
7. Was the camera (that/which) you lent me very expensive?	War die Kamera, die du mir geliehen hast, sehr teuer?

Bei unentbehrlichen Relativsätzen *kann man das Relativpronomen* that, who *oder* which weglassen, *wenn es Objekt des Relativsatzes ist. Das erkennt man daran, dass ein Substantiv (6:* my father*) bzw. ein Pronomen (7:* you*) auf das Relativpronomen folgt.*

In folgendem Satz kann das Relativpronomen dagegen *nicht weggelassen* werden, weil es Subjekt des Relativsatzes ist (und ein Verb darauf folgt):

8. The shop that sold chemistry sets was destroyed in an explosion.	Der Laden, der Chemiebaukästen verkaufte, flog bei einer Explosion in die Luft.

4.5.4 Das deutsche „(das,) was" usw. in Relativsätzen

Abschließend ein paar Besonderheiten:

1. She sings in the shower, which wakes the whole household up.	Sie singt in der Dusche, was den ganzen Haushalt aufweckt.

> *Das deutsche „was" als Zusammenfassung eines ganzen Satzteils wird im Englischen durch* which *wiedergegeben (1).*

2. Can you understand what he's saying?	Verstehst du, was er sagt?
3. Drink this – it's just what you need after a night on the town.	Trink das – das ist genau das, was du nach einer durchzechten Nacht brauchst.

> *„Das, was" bzw. „was" wird durch das Relativpronomen* what *(nicht* *that what*) wiedergegeben (2, 3).*

4. There's something (that) I've got to tell you.	Es gibt etwas, das ich dir sagen muss.
5. He misunderstood everything (that) I said.	Alles, was ich gesagt habe, hat er missverstanden.
6. Is there anything (that) I can get you?	Gibt es irgendwas, das ich dir besorgen kann?

> *Bei „alles, was/das", „etwas, was/das", „irgendetwas, was/das" lautet das englische Relativpronomen* that*. Oft wird es aber weggelassen (4–6).*

4.6 Die unbestimmten Pronomen (*some, any, much, many* usw.)

4.6.1 *some/any*

Some ist gewissermaßen das „neutralste" Wort, mit dem man eine unbestimmte Menge oder Zahl ausdrücken kann. Es gibt nichts über die Größe der Menge preis:

1. There are some men in uniform who want to see you.	Da sind einige uniformierte Männer, die mit Ihnen sprechen möchten.
2. You've got some tomato soup on your tie.	Du hast Tomatensuppe auf dem Schlips.
3. Could you give me some aspirins?	Könntest du mir ein paar Aspirin geben?
4. Have some cheese.	Nehmen Sie sich doch etwas Käse!

5. For some reason I feel quite at home here.

Aus irgendeinem Grund fühle ich mich hier ganz wie zu Hause.

Some *wird bei „positiven" Aussagen oder Erwartungen gebraucht. Genauer gesagt, es erscheint in der Regel:*

- *in positiven Aussagesätzen (1, 2)*
- *in Fragen, bei denen eine positive Antwort erwartet oder erhofft wird (3)*
- *in höflichen Aufforderungen oder Anfragen (4)*
- *in der Bedeutung „irgendein(e, -es)" usw. (5)*

Nun zu *any*:

6. But I haven't got any socks without holes. — Aber ich habe doch keine Socken ohne Löcher!
7. There isn't any room for you in the car. — Im Auto ist kein Platz für dich.
8. Are there any electricians here? — Gibt es hier Elektriker?
9. Choose any book you like. — Nehmen Sie sich irgendein Buch.

10. Wow! She can test my eyes any time!

Wow! Die kann mir aber jederzeit die Augen testen!

Any *wird bei „negativen" Aussagen und Erwartungen gebraucht. Genauer gesagt, es erscheint in der Regel:*

- *in verneinten Sätzen (6, 7), auch mit Wörtern, die etwas verneinen oder einschränken, wie* never, rarely, hardly, without *usw.*
- *in Fragen, wenn man sich über die Antwort unsicher ist bzw. eine negative Antwort erwartet (8)*
- *in der Bedeutung „jede(r, -s) (beliebige)", „irgendein(e, -s)", „irgendwelche(r, -s)" (9,10)*

Beachten Sie auch:

11. I'm looking for someone – anyone – to go to the dance with. — Ich suche jemanden – irgendeinen –, mit dem ich tanzen gehen kann.

12. I don't care how it was in "the good old days", if someone wants to buy a screw, they[1] have to buy the whole packet!

Es ist mir egal, wie es in der „guten alten Zeit" war! Wenn jemand eine Schraube kaufen will, muss er die ganze Packung nehmen!

Die Zusammensetzungen mit some *und* any (somebody/anybody, someone/anyone; something/anything; somewhere/anywhere) *verhalten sich ähnlich wie* some *und* any *(11,12).*

Noch eine Variante:

13. There isn't any beer left. — Es ist kein Bier mehr da.
    → There's no beer left.
14. We haven't got any complaints. — Wir haben keinen Grund zur Beschwerde.
    → We've got no complaints.

Anstelle von not ... any *kann man auch* no ... *sagen (13,14). Es klingt betonter und auch etwas formeller.*

Das gilt auch für die Zusammensetzungen:

not ... anybody	– nobody	*not ... anything*	– nothing
not ... anyone	– no-one	*not ... anywhere*	– nowhere

[1] Hier findet man nach *someone* das etwas unlogische *they* (vgl. auch Abschnitt 4.2.4, S.112–113). Es dient dazu, die umständliche Formulierung *he or she* zu vermeiden.

4.6.2 *a lot of / lots of, much, many*

Durch diese Ausdrücke wird im Englischen „viel" oder „viele" wiedergegeben, wobei die Varianten *a lot of* bzw. (etwas umgangssprachlicher) *lots of* deutlich überwiegen.

1. There are lots of people in the theatre.	Es sind viele Leute im Theater.
2. I spent a lot of money on food.	Ich hab' viel Geld fürs Essen ausgegeben.
3. There hasn't been a lot of sunshine lately.	In letzter Zeit hat es nicht viel Sonne gegeben.
4. He doesn't say a lot, does he?	Er sagt nicht viel, oder?

- A lot of (= viel) *bzw.* lots of (= viele) *werden in normalen Aussagesätzen (1, 2) und in negativen Sätzen (3) sowie in Fragen benutzt, jedoch* nicht nach very, so, that, too, as *und* how.
- Of *entfällt, wenn kein Substantiv folgt (4).*
- *Während man* such a lot of *sagen kann, kann* lots of *nicht durch ein vorangehendes Adverb qualifiziert werden.*

Gerade in einem Satz wie Beispiel 2 neigen viele Deutschsprachige dazu, *much* zu verwenden. Dabei ist dessen Gebrauch relativ eingeschränkt:

5. There isn't much to do in this hotel.	In diesem Hotel gibt es nicht viel zu tun.
6. Did you get much money for your old car?	Hast du für dein altes Auto viel Geld gekriegt?
7. I like that very much.	Das gefällt mir sehr gut.

Much (= viel) *wird in folgenden Fällen verwendet:*
- *in verneinten Sätzen (5)*
- *in Fragen (6)*
- *nach* very, so, that, too, as *und* how *(7)*
- *mit einem nachfolgenden, nichtzählbaren Substantiv (6).*

Und nun zu *many*:

8. I haven't got many more books to read.	Ich habe nicht mehr viele Bücher zu lesen.
9. Have you been to many foreign countries?	Haben Sie viele fremde Länder besucht?
10. She's got so many boyfriends she can't remember all their names.	Sie hat so viele Freunde, dass sie sich nicht alle ihre Namen merken kann.

Many (= viele) *wird nur bei* zählbaren Begriffen *verwendet, und zwar:*
- *in verneinten Sätzen (8)*
- *in Fragen (9)*
- *nach* very, so, that, too, as *und* how *(10).*

Da Deutschsprachige „viel(e)" sehr oft mit *much* bzw. *many* übersetzen, noch einmal zur Festigung:

! Die geläufigste Übersetzung des deutschen „viel(e)" in Aussagesätzen lautet *a lot (of) / lots of*, jedoch nicht nach *very, so, that, too, as* und *how.*

Und wenn *much* oder *many* doch in einem Aussagesatz erscheinen:

11. Much depends on the outcome of the meeting. — Vieles hängt vom Ergebnis der Sitzung ab.
12. Many people are moving south in search of work. — Viele Leute ziehen nach Süden auf der Suche nach Arbeit.

> *In normalen Aussagesätzen klingen* much *und* many *ohne Qualifizierung durch* very, so *usw. etwas förmlich (11,12). In der Umgangssprache wird daher* a lot (of)/lots of *bevorzugt.*

4.6.3 *a few/a little/a bit of; few/little*

1. I've got a few pounds left – let's go on the roller-coaster. — Ich habe noch ein paar Pfund übrig – lasst uns mal Achterbahn fahren.
2. Could I have a little ketchup to go with this? — Könnte ich etwas Ketchup dazu haben?
3. Don't forget you've still got a bit of gardening to do. — Vergiss nicht, dass du noch ein bisschen was im Garten tun musst.
4. – "Can you lend me a little sugar?" – "Yes, I think I've got a bit left." — – „Kannst du mir etwas Zucker leihen?" – „Ja, ich glaub', ich hab' noch etwas übrig."

> - a few (=einige, ein paar) *wird nur bei Personen oder zählbaren Gegenständen gebraucht (1)*
> - a bit of[1]/a little (=ein bisschen, etwas) *werden gebraucht, wenn es sich um etwas nicht Zählbares handelt (2–4), wobei* a bit of *umgangssprachlicher klingt*
> - a bit *allein stehend entspricht dem deutschen „etwas" (4),* a bit + *Adjektiv dem deutschen „ein bisschen"* (a bit tired = ein bisschen müde)

Wenn diese Ausdrücke ohne *a* verwendet werden, ändert sich die Bedeutung wie folgt:

5. Few people have any sympathy with him. — Nur wenige Leute haben Mitleid mit ihm.
6. There's little hope of her winning the race now. — Sie hat kaum noch Aussicht auf Erfolg beim Rennen.

> - few *(=*(nur) wenige*) wird bei Personen oder zählbaren Begriffen gebraucht (5)*
> - little *(=*wenig, kaum ein(e) *usw.) wird gebraucht, wenn es sich um etwas nicht Zählbares handelt (meistens bei abstrakten Begriffen!) (6)*

Abschließend noch ein paar allgemeine Hinweise:

- *Few* und *little* klingen isoliert etwas förmlich und erscheinen oft mit *very*.
  Andere mögliche Ausdrücke sind: statt *few: not many, hardly any*
  statt *little: not much, hardly any*
- *Little* erscheint oft in bestimmten Verbindungen, wie z. B. *he/she has little chance of ...ing* (=*er/sie hat kaum noch eine Chance zu ...*), *he/she had little choice but to ...* (=*er/sie hatte kaum noch eine andere Möglichkeit, als zu ...*), *he/she has little hope of ...ing* (=*er/sie hat kaum Aussicht auf Erfolg bei ...*), *there's little point in ...* (es hat *wenig Sinn zu ...*).

[1] bei Flüssigkeiten meistens *a drop of/a spot of*

4.7 Die Fragewörter

4.7.1 Die Form der Fragewörter im Englischen

Zunächst eine Liste der wichtigsten Fragewörter im Englischen:

how ...?	wie ...?
what ...?	was ...?
when ...?	wann ...?
where ...?	wo ...?
which ...?	welche(r,-s) ...?
who ...?	wer ...?
who(m) ...?	wen/wem ...?
whose ...?	wessen ...?
why ...?	warum ...?

1. What did you take that I didn't?

   Was hast du genommen, das ich nicht genommen habe?

4.7.2 *who/whom*

Im Englischen gibt es eine Objektform zu *who,* nämlich *whom,* die aber relativ selten gebraucht wird:

1. Who did you buy these flowers for?	Für wen hast du diese Blumen gekauft?
2. Who did you give the letter to?	Wem hast du den Brief gegeben?
3. Whom are you addressing?	An wen richtet sich Ihre Frage?
4. To whom have I the pleasure of speaking?	Mit wem habe ich das Vergnügen zu sprechen?

Who ist die gebräuchlichste Objektform im gesprochenen Englisch (1, 2). Dabei fungiert es sowohl als direktes („wen?") als auch indirektes Objekt („wem?").

Das ungebräuchlichere whom wird in folgenden Fällen benutzt:

- *bei förmlicher Ausdrucksweise (3)*
- *wenn dem Fragewort eine Präposition (wie to, for, with usw.) vorangeht (4)*

4.7.3 *what/which* + Substantiv

Beachten Sie folgenden Unterschied:

1. What car do they drive?	Was für ein Auto haben sie?
2. Which car was he driving?	Mit welchem Wagen ist er gefahren?

What + *Substantiv leitet eine* allgemeine Frage *ein (1).*

Mit which + *Substantiv fragt man nach einer Person/Sache* aus einer bestimmten Gruppe, Reihe *o.ä. (2) in einer bestimmten Situation.*

4.7.4 Fragewort + Kurzform des Verbs

Besonders in der gesprochenen Sprache sind Kurzformen des Verbs nach einem Fragewort sehr gebräuchlich:

1. What's Dad going to say?	Was wird denn Papa dazu sagen?
2. Who'd like to go with us?	Wer würde gerne mit uns fahren?

Wenn ein Hilfsverb *auf ein Fragewort folgt, wird es meistens abgekürzt (1, 2). Manche Abkürzungen haben mehrere mögliche Vollformen, und ihre Bedeutung muss aus dem Zusammenhang erschlossen werden.*

Hier eine Übersicht über die am häufigsten verwendeten Kurzformen:

who's ...?	=	who is ...?	*oder*	who has ...?
who'll ...?	=	who will ...?		
who'd ...?	=	who would ...?	*oder*	who had ...?
			oder	who did ...?
what's ...?	=	what is ...?	*oder*	what has ...?
what'll ...?	=	what will ...?		
what've ...?	=	what have ...?		
what'd ...?	=	what had ...?	*oder*	what would ...?
			oder	what did ...?
which've ...?	=	which have ...?		

when's ...?	=	when is ...?	*oder*	when has ...?
when'll ...?	=	when will ...?		
when've ...?	=	when have ...?		
where's ...?	=	where is ...?	*oder*	where has ...?
where'll ...?	=	where will ...?		
where've ...?	=	where have ...?		
where'd ...?	=	where had ...?	*oder*	where would ...?
			oder	where did ...?
why's ...?	=	why is ...?	*oder*	why has ...?
why've ...?	=	why have ...?		
why'd ...?	=	why had ...?	*oder*	why would ...?
			oder	why did ...?
how's ...?	=	how is ...?	*oder*	how has ...?
how'll ...?	=	how will ...?		
how've ...?	=	how have ...?		
how'd ...?	=	how had ...?	*oder*	how would ...?
			oder	how did ...?

5 Das Adjektiv und das Adverb

Wenn es darum geht, zwischen Adjektiv und Adverb im Englischen zu unterscheiden, haben manche Deutschsprachige Probleme. Deswegen werden diese beiden Themen in diesem Kapitel gemeinsam behandelt.

5.1 Allgemeines

Das Adjektiv im Englischen ist wesentlich unkomplizierter als im Deutschen:

1. She can't stand untidy men.	Sie kann unordentliche Männer nicht ausstehen.
2. What a beautiful day!	Was für ein schöner Tag!
3. I'm looking for a new job.	Ich suche eine neue Stelle.
4. I'm glad we've got nice neighbours.	Ich bin froh, dass wir nette Nachbarn haben.

> *Das englische Adjektiv bleibt in der Grundform* immer gleich *(ohne Endungen!), egal, ob es sich auf Mann oder Frau, auf die Einzahl oder Mehrzahl bezieht und ob es im Nominativ oder Akkusativ steht (1–4).*

Nun zum Adverb. Was ist das eigentlich?

5. She reacted quickly.	Sie reagierte schnell.
6. The talk was terribly boring.	Der Vortrag war schrecklich langweilig.
7. I beat her really easily.	Ich habe sie wirklich leicht geschlagen.
8. Suddenly everyone looked at me.	Auf einmal sahen mich alle an.

> *Ein Adverb ist ein Ausdruck, der ein Verb (5), ein Adjektiv (6), ein weiteres Adverb (7) oder einen ganzen Satz (8) näher bestimmt.*

Es gibt verschiedene Arten von Adverbien, z. B. sogenannte ursprüngliche Adverbien wie *today, always, very* usw. oder Adverbialbestimmungen wie *by the way, for a while, on the other hand* usw. In der Regel haben Deutschsprachige am ehesten Probleme, diejenigen Adverbien zu erkennen und richtig zu bilden, die von Adjektiven abgeleitet sind – alle anderen kann man einfach als Vokabeln lernen.

5.2 Die Bildung abgeleiteter Adverbien

Adjektiv	Adverb	Adjektiv	Adverb
1. certain	certainly	5. angry	angrily
2. private	privately	6. diplomatic	diplomatically
3. regular	regularly	7. true	truly
4. probable	probably	8. full	fully

Die meisten abgeleiteten Adverbien werden durch Anhängen von -ly an das Adjektiv gebildet (1–3).

Aber:

- -le *wird zu* -ly *(4)*
- -y *wird zu* -ily *(5)*
- -ic *wird zu* -ically *(6) (Ausnahme* public → publicly = öffentlich*)*
- *das stumme* -e *bei* true *und* whole *fällt weg (7)*
- full *wird zu* fully *(8)*

Noch ein paar Besonderheiten:

- Das Adverb zu *good* heißt *well.*
- Zeitadjektive auf *-ly* (wie *hourly, daily, weekly, monthly* usw.) haben dieselbe Form, wenn sie als Adverbien verwendet werden.

Das Hauptproblem liegt aber weniger in der Bildung des Adverbs als im Erkennen, dass es sich überhaupt um ein Adverb handelt. Das kommt daher, dass im Deutschen die gleiche Form für den adjektivischen wie für den adverbiellen Gebrauch verwendet werden kann:

Das Spiel war gut. Du hast gut gespielt.

Woran merkt man nun, dass „gut" im zweiten Beispiel adverbiell verwendet wird (und im Englischen mit *well* wiedergegeben werden müßte)? Beim rein adverbiellen Gebrauch kommt im Deutschen nie eine Endung vor. Fast alle Adjektive (außer z.B. rosa, prima) können dagegen eine Endung haben. Man könnte den ersten Satz wie folgt umformulieren: *Es war ein gutes Spiel.* Beim adverbiellen Gebrauch (zweiter Satz) ist eine solche Umformung nicht möglich, und in solchen Fällen ist bei der englischen Entsprechung die adverbielle Form meistens Pflicht.

Meistens – aber nicht immer. Folgende englische Adjektive werden in derselben Form (und in fast identischer Bedeutung) auch als Adverbien gebraucht:

Adjektiv		Adverb	
deep		deep	tief
early	früh, baldig	early	früh
far		far	weit
fast		fast	schnell
hard	hart, schwer	hard	fest, kräftig, schwer
high		high	hoch
late		late	spät
long	lang	long	lange
low		low	niedrig
near	nah	near	nahe
straight	gerade	straight	gerade, direkt

Einige dieser Adverbien haben auch eine *-ly*-Form, allerdings mit einer anderen Bedeutung:

deeply	zutiefst	lately	in letzter Zeit
hardly	kaum	nearly	fast, beinahe
highly	höchst		

Auch bei folgenden Adverbien unterscheidet sich die Bedeutung von derjenigen der entsprechenden Adjektive:

barely	kaum	mostly	meistens
fairly	ziemlich; fair	scarcely	kaum
justly	zu Recht; gerecht	shortly	gleich, in Kürze

! Oft entsteht bei Deutschsprachigen der Eindruck, *friendly* müsse als Adverb durch *in a friendly way* ersetzt werden. Das klingt aber sehr unidiomatisch. Eine Umformulierung wie folgende ist viel geläufiger:

9. She gave me a friendly wave. — Sie winkte mir freundlich zu.

Schließlich noch ein paar Fälle, in denen Adjektiv und Adverb eine jeweils unterschiedliche Bedeutung haben:

Adjektiv		Adverb	
just	gerecht	just	gerade, eben; nur
only	einzige usw.	only	nur
pretty	hübsch	pretty (umgs.)	ziemlich
well	gesund	well	gut

5.3 Die Steigerung des Adjektivs und des Adverbs

5.3.1 Die Steigerung des Adjektivs

Grundform (Positiv)	Komparativ	Superlativ
1. cold	colder	coldest
kalt	*kälter*	*kältest-/am kältesten*
2. new	newer	newest
3. strong	stronger	strongest
4. big	bigger	biggest
5. fit	fitter	fittest
6. late	later	latest
7. wide	wider	widest

8. Thanks to Graham we live in the cleanest street in the area.	Dank Graham wohnen wir in der saubersten Straße der ganzen Gegend.

Einsilbige[1] *Adjektive steigert man mit* -er/-est *(1–3, 8).*

- *Ein einzelner Konsonant (*d, g, t *usw.)* am Ende *des Adjektivs wird verdoppelt, wenn er auf einen* kurzen Vokal *(*a, e, i, o, u*) folgt (4, 5).*
- *Adjektive mit* stummem *End-*e *werden mit* -r/-st *gesteigert (6, 7).*

Kommen wir nun zu den zweisilbigen Adjektiven:

Grundform (Positiv)	Komparativ	Superlativ
9. gentle	gentler	gentlest
10. clever	cleverer	cleverest
11. narrow	narrower	narrowest
12. easy	easier	easiest
13. happy	happier	happiest

Zweisilbige *Adjektive, die auf* -le, -er, -ow *oder* -y *enden, werden ebenfalls mit* -(e)r/-(e)st *gesteigert (9–13). Das End-*y *wird dabei zu* -i- *(12,13).*

Ausnahme: eager – more eager – most eager

[1] Ausschlaggebend für die Silbenzahl ist nicht die Schreibung, sondern die *Aussprache: large* [lɑːdʒ] hat eine Silbe, *pretty* ['prɪtɪ] hat zwei.

Und nun zu den restlichen Adjektiven:

Grundform (Positiv)	Komparativ	Superlativ
14. famous	more famous	most famous
15. painful	more painful	most painful
16. expensive	more expensive	most expensive
17. popular	more popular	most popular
18. tired	more tired	most tired
19. exciting	more exciting	most exciting

Folgende Adjektivgruppen werden mit more / most *gesteigert:*

- zweisilbige *Adjektive, die* nicht *auf* -le, -er, -ow *oder* -y *enden (14,15)*
- drei- und mehrsilbige *Adjektive (16, 17)*
- *Adjektive (auch einsilbige!), die von* Verben abgeleitet *sind und auf* -ed *oder* -ing *enden (18, 19)*

Bei einigen zweisilbigen Adjektiven sind *beide* Steigerungsformen möglich – darunter *handsome, polite, quiet, stupid, wicked.* Da gerade die zweisilbigen Adjektive am problematischsten sind, unser Tipp: im Zweifelsfall mit *more / most* steigern!

Zum Schluss noch ein paar unregelmäßig gesteigerte Adjektive:

Grundform (Positiv)		Komparativ	Superlativ
bad	schlecht	worse	worst
good	gut	better	best
far	weit	further (*oder* farther)[1]	furthest (*oder* farthest)[1]
little	klein	smaller	smallest
little[2]	wenig	less	least
many	viele	more	most
much	viel	more	most

5.3.2 Die Steigerung des Adverbs

Hier sieht es nicht viel anders aus als bei den Adjektiven:

Grundform (Positiv)	Komparativ	Superlativ
1. early	earlier	earliest
2. fast	faster	fastest
3. hard	harder	hardest
4. late	later	latest
5. soon	sooner	soonest

[1] in übertragener Bedeutung *nur further* bzw. *furthest*; [2] *little* wird in der Bedeutung „wenig" nur bei nicht zählbaren Begriffen verwendet (z. B. *little time* = *wenig Zeit*). Sonst nimmt man *few – fewer – fewest* (z. B. *fewer people* = *weniger Leute*).

Die wenigen einsilbigen *Adverbien sowie* early *werden mit* -er / -est *gesteigert (1 – 5).*

*Es gelten dieselben Regeln für die Schreibung wie bei den Adjektiven: Stummes End-*e *wird mit* -r / -st *gesteigert (4), End-*y *wird zu* -i- *(1).*

Bei den mehrsilbigen Adverbien – und diese bilden die große Mehrheit der Adverbien – ist die Handhabung relativ einfach:

Grundform (Positiv)	Komparativ	Superlativ
6. easily	more easily	most easily
7. nervously	more nervously	most nervously
8. frequently	more frequently	most frequently

Mehrsilbige Adverbien (außer early*) werden mit* more / most *gesteigert (6–8).*

Auch hier gibt es ein paar unregelmäßige Steigerungsformen:

Grundform (Positiv)		Komparativ	Superlativ
badly	schlecht	worse	worst
well	gut	better	best
far	weit	further (oder farther)[1]	furthest (oder farthest)[1]
little	wenig	less	least
much	viel	more	most

5.4 Der Vergleich

Auch beim Vergleich im Englischen gibt es erfahrungsgemäß mehrere typische Fehlerquellen:

1. She's prettier than I thought.	Sie ist hübscher, als ich dachte.
2. He's got more spots than me / than I have!	Er hat mehr Pickel als ich!
3. I'm not as fit as I used to be.	Ich bin nicht mehr so fit wie früher.
4. She's as blind as a bat.	Sie ist stockblind.

- *Dem deutschen „als" im Vergleich entspricht das englische* than (nie as!!) *(1, 2).*
- *„So … wie" wird mit* as … as *wiedergegeben (3).*
- As … as *wird auch oft bei bildhaften Vergleichen verwendet (4; vgl. auch* as strong as an ox = bärenstark; as old as the hills = uralt; as fast as lightning = blitzschnell).
- *Erscheint nach* than *bzw.* as *ein Personalpronomen, hat man zwei Möglichkeiten:*

– *entweder die Objektform des Personalpronomens (z. B.* than me, as her *usw.)*
– *oder aber die Subjektform des Personalpronomens + Verb oder Hilfsverb (z. B.*
– than I did, as she was *usw., 2).*

[1]in übertragener Bedeutung *nur further* bzw. *furthest*

Nun einige weitere Besonderheiten:

5. That was less expensive than last time. — Das war nicht so teuer wie letztes Mal. (= weniger teuer als ...)

Bei Ungleichheit („weniger" + Adjektiv/Adverb + „als") kann man im Englischen less + *Adjektiv/Adverb* + than *verwenden (5).*

6. – "I'm leaving you!" — „Ich verlasse dich!"
   – "The sooner the better!" — „Je eher, desto besser!"
7. The less I eat, the heavier I seem to get. — Je weniger ich esse, desto mehr scheine ich zuzunehmen.

„Je ... desto" entspricht im Englischen the + *Komparativ* ... the + *Komparativ (6, 7).*

8. I find maths harder and harder to understand. — Ich finde, dass Mathe immer schwerer wird.
9. Drivers are getting more and more aggressive. — Die Autofahrer werden immer aggressiver.

„Immer" + Komparativ entspricht Komparativ + and + *Komparativ im Englischen (d. h.* -er and -er / more and more + *Adjektiv/Adverb) (8, 9).*

5.5 Vom Adjektiv abgeleitete Substantive

Im Deutschen kann man aus vielen Adjektiven Substantive bilden, z. B. „der Verletzte" oder „die Reichen" usw. Im Englischen ist dies nur begrenzt möglich:

1. Maggie says she has no sympathy with the unemployed. — Maggie sagt, sie habe kein Mitleid mit den Arbeitslosen.
2. The rich get richer and the poor get poorer. — Die Reichen werden reicher, und die Armen werden ärmer.

3. Damn! The British have been here before us! — Verdammt! Die Briten waren vor uns da!

Nur in Bezug auf Gruppen (z. B. the old = die Alten*) (1, 2) bzw. einige Nationalitätenbezeichnungen (z. B.* the Chinese, the English, the French, the Irish*) (3) werden Adjektive im Englischen als Substantive verwendet.*
Diese werden nur im Plural, *und zwar mit* the, *aber ohne* -s *am Ende gebraucht.*

Wenn es aber um eine Einzelperson geht, gilt Folgendes:

4. Dad, it's that fat man on the phone for you! — Papi, für dich. Der Dicke ist wieder am Telefon!
5. The missing woman was an experienced climber. — Die Verschollene war eine erfahrene Bergsteigerin.

Im Singular fügt man im Englischen boy, girl, man, woman *o. ä. dem Adjektiv hinzu (4, 5).*

Ausnahmen:

6. You're trying to do the impossible. — Du versuchst, das Unmögliche zu erreichen.
7. I only want to do the right thing. — Ich will nur das Richtige machen.
8. The most important thing is that you're happy. — Das Wichtigste ist, dass du glücklich bist.

Nur sehr selten, und zwar bei abstrakten Begriffen, ist der Gebrauch des Adjektivs als Substantiv im Singular möglich (6). Vgl. auch the unexpected = das Unerwartete, the unknown = das Unbekannte.

Auch hier wird meistens der Deutlichkeit halber ein Substantiv wie thing *o. ä. hinzugefügt (7, 8). Vgl. auch* the only thing = das Einzige, the best thing = das Beste.

Daneben gibt es einige Adjektive, die sich zu „normalen" Substantiven entwickelt haben, die also auch eine Singularform und ein -s im Plural haben. Beispiele: *a black* = *ein Schwarzer / eine Schwarze*, *a white* = *ein Weißer / eine Weiße*, *a conservative* = *ein Konservativer / eine Konservative*. Das gilt auch für manche Nationalitätenbezeichnungen, z. B. *an Austrian* = *ein Österreicher / eine Österreicherin*, *a German* = *ein Deutscher / eine Deutsche*, *a Scot* = *ein Schotte / eine Schottin*. Diese sollte man ganz einfach als Vokabeln lernen.

5.6 Das Adjektiv und das „Stützwort" *one*

Wenn man in einem deutschen Satz aus stilistischen Gründen ein Substantiv nicht wiederholen möchte, kann das dazugehörige Adjektiv allein stehen. Im Englischen geht das aber nicht:

1. Which car shall we steal? The red one or the blue one? — Welches Auto wollen wir stehlen? Das rote oder das blaue?
2. These books are dead boring. Haven't you got any interesting ones with pictures? — Diese Bücher sind todlangweilig. Haben Sie keine interessanten mit Bildern?

Soll ein (zählbares) Substantiv nicht wiederholt werden, kann das Adjektiv im Englischen nicht allein stehen. Das Stützwort one *(Singular) bzw.* ones *(Plural) wird anstelle des Substantivs verwendet (1, 2).*

Beachten Sie auch:

3. If that shirt doesn't fit, try this one. — Wenn das Hemd nicht passt, probier mal dieses!

Bei den Demonstrativpronomen wird this one / that one *bzw.* these (ones) / those (ones) *verwendet (3)*[1].

5.7 Die Stellung des Adverbs im Satz

Die Stellung des Adverbs im Satz ist eines der problematischsten Kapitel der englischen Grammatik. Adverbien und adverbiale Bestimmungen (z. B. *in London, as a matter of fact*) haben recht unterschiedliche Funktionen und treten mitunter auch im selben Satz auf.

Eine vollständige Liste aller Regeln der Wortstellung hier aufzuführen, wäre nicht zweckdienlich, da die Informationsfülle überwältigend wäre. Aus diesem Grunde konzentrieren wir uns auf die wichtigsten Punkte und betonen besonders die Fälle, die sich radikal vom Deutschen unterscheiden.

5.7.1 Adverbien der Art und Weise

1. We carefully studied the map.	Wir haben uns die Landkarte genau angesehen.
2. I had quickly finished my tea.	Ich hatte meinen Tee schnell ausgetrunken.
3. She lifted the heavy weights easily.	Sie hob die schweren Gewichte ohne Mühe.
4. We listened carefully.	Wir hörten genau zu.

Adverbien der Art und Weise (antworten auf die Frage „wie?") stehen in der Regel in folgender Position:

- *bei* transitiven *Verben (solchen mit direktem Objekt) vor dem Hauptverb (1, 2) oder nach dem Objekt (3) (das Adverb steht nie – wie im Deutschen – zwischen dem Verb und dem direkten Objekt!!).*
- *bei intransitiven Verben (solchen ohne direktes Objekt) nach dem Verb (ähnlich wie im Deutschen) (4).*

5.7.2 Adverbien und Adverbialgruppen des Ortes und der Zeit

1. He spends most of his time in the pub.	Er verbringt die meiste Zeit in der Kneipe.
2. Where are you going on holiday next year?	Wohin fahrt ihr nächstes Jahr in Urlaub?
3. In Britain topless bathing isn't very common.	Oben-ohne-Baden ist in Großbritannien nicht sehr verbreitet.

[1] vgl. auch Kapitel 4.4, S. 117

4. I sometimes wonder what she sees in him. — Manchmal frage ich mich, was ihr an ihm gefällt.
5. He's rarely on time. — Er ist selten pünktlich.
6. I should never have said that. — Das hätte ich nie sagen sollen.
7. Usually she doesn't even ask. — Für gewöhnlich fragt sie nicht mal.

Adverbien und Adverbialbestimmungen des Ortes (antworten auf die Frage „wo?" bzw. „wohin?") und der bestimmten Zeit (antworten auf die Frage „wann?") stehen meistens in folgender Position:
- *am Satzende (1, 2);*
- *zur Betonung am Satzanfang (3). Adverbien, die auf die Frage „wohin?" antworten, können diese Stellung aber nicht einnehmen!*

Adverbielle Angaben der unbestimmten Zeit oder *der Häufigkeit (wie z. B.* just, always, sometimes, never, generally, usually*) stehen in der Regel in der sogenannten Mittelstellung[1], d. h.:*
- *vor dem Vollverb (4) bzw.*
- *nach dem Verb to be (5) bzw.*
- *nach dem ersten Hilfsverb oder Modalverb (6).*

Gelegentlich können diese Adverbien zur Betonung am Satzanfang stehen (7) (siehe aber auch Kapitel 5.8).

Adverbien und Adverbialgruppen aus mehreren dieser Kategorien können auch im selben Satz auftreten:

8. He quickly ran away. — Er lief schnell weg.
9. Are you going to the office today? — Gehst du heute ins Büro?
10. Would you stop practising the violin at two o'clock in the morning! — Hörst du endlich auf, um zwei Uhr nachts Geige zu üben!

Wenn Adverbien verschiedener Kategorien zusammen in einem Satz auftreten, gilt allgemein folgende Reihenfolge:
- *Art und Weise vor Ort (8). Faustregel: A kommt vor O, das ist nun mal so!*
- *Ort vor Zeit (9) – anders als im Deutschen!! Faustregel: O vor Z im Alphabet!*
- *Genauere Zeitangaben vor allgemeineren (10).*

5.7.3 Adverbien des Grades

1. That was a fairly good plan, but it wasn't good enough. — Das war ein ziemlich guter Plan, aber er war nicht gut genug.
2. I nearly cried when I heard the news. — Als ich die Nachricht hörte, habe ich fast geweint.
3. I had hardly arrived when everyone else left. — Ich war kaum angekommen, als die anderen alle gingen.

Adverbielle Bestimmungen des Grades (wie z. B. a bit, extremely, fairly, quite, rather, too, very*) haben dieselbe Position wie im Deutschen, wenn sie sich auf Adjektive oder auf andere Adverbien beziehen (1).*

Wenn sich Adverbien des Grades wie z. B. almost, barely, hardly, just, nearly *oder* scarcely *auf Verben beziehen, dann gilt die Mittelstellung (2, 3).*

[1] Ab jetzt verwenden wir aus Platzgründen den Begriff „Mittelstellung" für diese drei Regeln.

5.7.4 Adverbielle Bestimmungen des Kommentars

1. Obviously, he is right.	Offensichtlich hat er Recht.
2. As a matter of fact she's my cousin.	Eigentlich ist sie meine Cousine.
3. She's probably forgotten all about it.	Sie hat's wahrscheinlich völlig vergessen.

> *Kommentierende Adverbien und adverbielle Bestimmungen (drücken die Meinung bzw. die Einstellung des Sprechers aus) stehen meist* zur Betonung *am Satzanfang (1, 2) oder, wenn es* einzelne Wörter *sind, in der Mittelstellung (3).*

Hier sind auch andere Varianten möglich (z. B. He is obviously right*).*

5.7.5 Verbindende adverbielle Bestimmungen

Manchen Adverbien und adverbiellen Bestimmungen (z. B. *first(ly), second(ly), third(ly); first of all; furthermore; what's more; all in all; moreover; consequently; equally; for example; in other words; nevertheless)* kommt eine verbindende Funktion von zwei Sätzen oder Satzteilen zu. Sie haben eine ähnliche Funktion wie eine Konjunktion (*and, or,* etc.).

1. First, phone the police. Second, order a taxi to take me to a doctor and third, look after the kids while I'm gone.	Erstens, ruf' die Polizei an, zweitens bestell' mir ein Taxi, das mich zu einem Arzt bringt, drittens pass' auf die Kinder auf, während ich weg bin.
2. I don't like him at all. Nevertheless I'll give him a second chance.	Ich mag ihn überhaupt nicht. Nichtsdestoweniger gebe ich ihm eine zweite Chance.
3. They wouldn't give him more money. Consequently, he quit his job.	Sie wollten ihm einfach nicht mehr Geld geben. Folglich gab er seine Stelle auf.

Lassen Sie sich von der Vielfalt der hier aufgeführten Regeln nicht abschrecken, sondern lernen Sie zunächst die Fälle, die vom Deutschen abweichen. Vieles andere ist eine Frage des „Sprachgefühls" und der Übung.

5.8 Inversion bei bestimmten Adverbien

Mit Inversion ist in diesem Zusammenhang die Umstellung von Subjekt und Verb gemeint. Dies ist im Deutschen durchaus normal, wenn das Adverb am Satzanfang steht (z. B. *Gestern sah ich …*). Im Englischen ist diese Wortstellung eher ungewöhnlich, aber manchmal eben doch nötig:

1. – "I think it's going to be a wonderful evening."	– „Ich glaub', es wird ein wunderschöner Abend."
– "So do I."	– „Ich auch."
2. – "I can't stand classical music."	– „Ich kann klassische Musik nicht ausstehen."
– "Neither can I."	– „Ich auch nicht."
3. Not only is she good-looking, she's got brains as well.	Sie ist nicht nur schön, sie hat auch was im Kopf.

Nur in folgenden Fällen werden im Englischen Verb und Subjekt umgestellt (Wortstellung wie im Fragesatz – notfalls Umschreibung mit do*):*

- *nach* so *bzw.* neither / nor *am Satzanfang (im Sinne von „auch" bzw. „auch nicht") (1, 2);*
- *nach einigen Adverbien am Satzanfang (3). Die wichtigsten:*
  never = nie
  no sooner + *Umstellung* … than = kaum …, als
  not only = nicht nur
  only then = erst dann
  rarely / seldom = selten
  scarcely + *Umstellung* … when = kaum …, als

5.9 Adjektiv oder Adverb bei bestimmten Verben

Zum Abschluss dieses ausführlichen Kapitels nun Verbindungen mit Verben, die keine Tätigkeit, sondern einen Zustand bzw. eine Eigenschaft ausdrücken:

1. She tried to stay calm while all around her everyone panicked.	Sie versuchte, ruhig zu bleiben, während um sie herum alles in Panik geriet.
2. I didn't expect your father to become aggressive.	Ich hab' nicht erwartet, dass dein Vater aggressiv wird.

Folgende Verben in der angegebenen Bedeutung *werden in der Regel mit der* Adjektivform *verbunden (1, 2):*

remain	bleiben	become	werden
stay	bleiben	get	werden
		grow	werden
		turn	werden

Nun zu den Verben der Sinneswahrnehmung:

3. This tea tastes terrible!	Der Tee schmeckt fürchterlich!
4. Her perfume smells overpowering.	Ihr Parfüm riecht aber penetrant!
5. Well, I think you look silly in that skirt, George.	Na ja, ich glaub', du siehst in dem Rock albern aus, George!
6. That voice sounds familiar to me.	Diese Stimme kommt mir bekannt vor.
7. I feel tired after all that talking.	Ich fühl' mich nach all dem vielen Reden müde.

Nach Verben der Sinneswahrnehmung steht in der Regel die Adjektivform (ohne -ly*!) (3 – 7), wenn diese Verben einen Zustand oder eine Eigenschaft ausdrücken.*

6 Die Präpositionen

Bei den Präpositionen handelt es sich um Verhältniswörter wie *in, auf, über, um* usw., die an sich recht harmlos wirken. Das Hauptproblem besteht darin, dass sich Präpositionen in kein logisches System hineinpressen lassen.

Wir könnten Ihnen an dieser Stelle eine riesige Liste aller englischen Präpositionen anbieten, aber dafür wären Tausende von Beispielen nötig. Listen mit festen Verbindungen haben Sie ja ohnehin schon in Kapitel 1.7 („Die *-ing*-Form als Gerundium") und Kapitel 1.14 („*Phrasal Verbs*") gesehen. Aus diesen Gründen möchten wir uns hier fast ausschließlich auf Übungen konzentrieren, in denen die englische Präposition Deutschsprachigen erfahrungsgemäß Probleme bereitet.

Ein paar grundsätzliche Bemerkungen seien den Übungen jedoch vorangestellt. Es gibt durchaus bestimmte inhaltliche Merkmale, die man englischen Präpositionen zuschreiben und von denen man deutsche Entsprechungen ableiten kann, wie z. B. die zeitliche und räumliche Bedeutung von *on, in* zeigen:

zeitlich		räumlich	
on Tuesday	am Dienstag	on the ceiling	an der Decke
on 13 April 1996	am 13. April 1996	on the wall	an der Wand
		on the table	auf dem Tisch
in November	im November	in the room	im Zimmer
in 1968	1968	in my hand	in meiner Hand
in the past	früher	in the sea	im Meer

Allgemein lässt sich, wie die Beispiele zeigen, keine Entsprechung zwischen englischer und deutscher Präposition *vorhersagen*. Man muss die Verwendung der Präpositionen ganz einfach lernen, und Hinweise, dass *in* bei wörtlicher Verwendung „in" bzw. „innerhalb von etwas" oder *on* „an" bedeuten können, helfen einem im schwierigen Einzelfall nur selten. Denn oft ist die Präposition Bestandteil einer festen Wortgruppe, bei der einem die Kenntnis der wörtlichen Bedeutung nicht oder nur selten etwas nützt.

Von den nicht mehr „wörtlichen", den abgeleiteten Bedeutungen dieser Präpositionen also lassen sich keine verlässlichen Vorhersagen über die Entsprechungen in der jeweils anderen Sprache machen:

on holiday	in/im/auf Urlaub	in the rain	im Regen
on television	im Fernsehen	pay in cash	bar bezahlen
on the phone	am Telefon	fall in love with her	sich in sie verlieben
on the whole	im Ganzen	in my opinion	meiner Meinung nach
on purpose	mit Absicht	in cold weather	bei kalter Witterung

7 Die Zahlen und Nummern

7.1 Grundzahlen

1	one
2	two
3	three
4	four
5	five
6	six
7	seven
8	eight
9	nine
10	ten
11	eleven
12	twelve
13	thirteen
14	fourteen
15	fifteen
16	sixteen
17	seventeen
18	eighteen
19	nineteen
20	twenty
21	twenty-one
22	twenty-two
23	twenty-three
24	twenty-four *usw.*
30	thirty
40	forty
50	fifty
60	sixty
70	seventy
80	eighty
90	ninety
100	a/one hundred
101	a/one hundred and one
142	a/one hundred and forty-two[1]
200	two hundred
1,000	a/one thousand
1,450	one thousand four hundred and fifty[2]
2,000	two thousand
100,000	a/one hundred thousand
1,000,000	a/one million
1,000,000,000	a/one billion (*in GB auch:* a thousand million)

1. I feel like going a little crazy with fives and sevens today.

In der Buchhaltung: Heute ist mir danach, mit den Fünfern und Siebenern ein kleines Spielchen zu treiben!

[1] Im amerikanischen Englisch verzichtet man oft auf das *and*; [2] seltener: *a thousand …*

Null drückt man wie folgt im Englischen aus:

0 beim *Rechnen*: *nought* [nɔːt], *zero* [ˈzɪrəʊ, *AE* ˈziːrəʊ]

0 beim *Sport*: *nil, AE zero; Tennisspiel*: *love*

0 in *Telefonnummern*: *O* [əʊ], *AE zero*

7.2 Zeichen und Schriftbild bei Zahlen

Folgende Unterschiede zum Deutschen sind besonders wichtig:

- Bei Zahlen ab 1.000 steht im Englischen für den deutschen Punkt immer ein *Komma* (*10,000,000*).
- Umgekehrt ist es bei den Dezimalzahlen: 5.9 (*five point nine* = *fünf Komma neun*), 0.34 (*nought point three four* = *null Komma drei vier*).

Bei den Vierern ist es etwas tückisch:

- Beachten Sie die Schreibweise von 4 und 14 *(four, fourteen)* im Gegensatz zu 40 *(forty)*.

Auch das handschriftliche Schriftbild der Zahlen im Englischen sorgt gelegentlich für Verwirrung unter den Deutschsprachigen:

- 1 wird ohne Haken geschrieben.
- 7 wird meistens ohne Querstrich geschrieben.

7.3 Telefonnummern

Auch Telefonnummern werden im Englischen anders ausgedrückt als im Deutschen:

- Telefonnummern werden im Allgemeinen Ziffer für Ziffer gesprochen und nicht wie manchmal im Deutschen in Paaren:

  0181-569 4032 = *oh-one-eight-one five-six-nine four-oh-three-two*

- Schnapszahlen (44, 666 usw.) werden gewöhnlich wie folgt behandelt, können aber auch einzeln ausgesprochen werden:

  01765-62238 = *oh-one-seven-six-five six-double two-three-eight*
  0171-333 5816 = *oh-one-seven-one triple three five-eight-one-six*

- Der Notruf in Großbritannien (999) wird immer *nine-nine-nine* gesprochen.

7.4 Jahreszahlen

Bei Jahreszahlen gilt folgende Handhabung:

- 1492 = *fourteen ninety-two*
- 1908 = *nineteen oh eight*

Zur Betonung wird *hundred and* eingefügt:

- 1908 = *nineteen hundred and eight*
- 1776 = *seventeen hundred and seventy-six*

Jahreszahlen wie die folgenden hört man natürlich immer öfter:

- 2000 = *(the year) two thousand*
- 2001 = *two thousand and one*
- 2010 = *twenty ten,* seltener *two-thousand and ten*
- 2100 = *twenty-one hundred*

7.5 Ordnungszahlen

Bei den Ordnungszahlen sind die Verbindungen aus Zahl plus Buchstabe (z. B. *1st, 2nd*) besonders zu beachten:

1st	first	15th	fifteenth	70th	seventieth
2nd	second	16th	sixteenth	80th	eightieth
3rd	third	17th	seventeenth	90th	ninetieth
4th	fourth	18th	eighteenth	100th	(one) hundredth
5th	fifth	19th	nineteenth	101st	(one) hundred and first
6th	sixth	20th	twentieth	102nd	(one) hundred and second[1]
7th	seventh	21st	twenty-first		
8th	eighth	22nd	twenty-second	138th	(one) hundred and thirty-eighth[1]
9th	ninth	23rd	twenty-third		
10th	tenth	24th	twenty-fourth *usw.*	200th	two hundredth
11th	eleventh	30th	thirtieth	1,000th	(one) thousandth
12th	twelfth	40th	fortieth	3,956th	three thousand nine hundred and fifty-sixth[1]
13th	thirteenth	50th	fiftieth		
14th	fourteenth	60th	sixtieth	1,000,000th	(one) millionth

! Auch hier gilt: *fourth, fourteenth,* aber *fortieth.*

[1] Im amerikanischen Englisch verzichtet man oft auf das *and*.

8 Die wichtigsten unregelmäßigen Verben

Infinitiv	einfache Vergangenheit	*past participle*	Übersetzung
be	was	been	sein
beat	beat	beaten	schlagen
become	became	become	werden
begin	began	begun	anfangen
bite	bit	bitten	beißen
blow	blew	blown	blasen
break	broke	broken	(zer)brechen
bring	brought	brought	(her)bringen
build	built	built	bauen
burst	burst	burst	platzen
buy	bought	bought	kaufen
catch	caught	caught	fangen
choose	chose	chosen	wählen
come	came	come	kommen
cost	cost	cost	kosten
cut	cut	cut	schneiden
dig	dug	dug	graben
do	did	done	tun; machen
draw	drew	drawn	zeichnen
drink	drank	drunk	trinken
drive	drove	driven	fahren
eat	ate	eaten	essen
fall	fell	fallen	fallen
feed	fed	fed	füttern
feel	felt	felt	(sich) fühlen
fight	fought	fought	kämpfen
find	found	found	finden
fly	flew	flown	fliegen
forget	forgot	forgotten	vergessen
freeze	froze	frozen	(ge)frieren
get	got	got	bekommen; kriegen
give	gave	given	geben
go	went	gone	gehen; fahren
grow	grew	grown	wachsen
hang	hung	hung	hängen
have	had	had	haben
hear	heard	heard	hören
hide	hid	hidden	(sich) verstecken
hit	hit	hit	schlagen
hold	held	held	halten
hurt	hurt	hurt	weh tun
keep	kept	kept	behalten

know	knew	known	wissen; kennen
lay	laid	laid	legen
lead	led	led	führen
learn	learnt, learned	learnt, learned	lernen
leave	left	left	lassen; verlassen
lend	lent	lent	(aus)leihen
let	let	let	lassen
lie	lay	lain	liegen
lose	lost	lost	verlieren
make	made	made	machen
mean	meant	meant	bedeuten
meet	met	met	treffen; begegnen
pay	paid	paid	bezahlen
put	put	put	legen; setzen; stellen; stecken
read	read	read	lesen
ride	rode	ridden	reiten; fahren
ring	rang	rung	läuten; klingeln
run	ran	run	laufen; rennen
say	said	said	sagen
see	saw	seen	sehen
sell	sold	sold	verkaufen
send	sent	sent	schicken
set	set	set	setzen; stellen
shake	shook	shaken	schütteln
shine	shone	shone	scheinen
shoot	shot	shot	(er)schießen
show	showed	shown	zeigen
shut	shut	shut	zumachen
sing	sang	sung	singen
sit	sat	sat	sitzen
sleep	slept	slept	schlafen
smell	smelt, smelled	smelt, smelled	riechen
speak	spoke	spoken	sprechen
spend	spent	spent	ausgeben; verbringen (Zeit)
stand	stood	stood	stehen
steal	stole	stolen	stehlen
sting	stung	stung	stechen (Insekt)
swim	swam	swum	schwimmen
take	took	taken	nehmen
teach	taught	taught	unterrichten; lehren
tear	tore	torn	zerreißen
tell	told	told	sagen; erzählen
think	thought	thought	denken
throw	threw	thrown	werfen
wake	woke	woken	wecken; aufwachen
wear	wore	worn	tragen (Kleidung)
win	won	won	gewinnen
write	wrote	written	schreiben

9 Amerikanisches Englisch

Im Laufe der Zeit hat sich das amerikanische Englisch (AE) teilweise anders als das britische Englisch (BE) entwickelt. Solchen Unterschieden sind wir in diesem Buch an verschiedenen Stellen begegnet.[1]

Unterschiede gibt es in Aussprache, Schreibung, Formenbildung, Wortwahl und gelegentlich Syntax. In einigen, manchmal wichtigen Fällen hat ein Wort in England und USA unterschiedliche Bedeutung.

Mit Aussprache und Syntax befassen wir uns in dieser Grammatik nicht.

9.1 Unterschiedliche Schreibung

Manche Schreibungen werden im AE vereinfacht, d.h. mehr der Aussprache angepasst. Das betrifft oft die Endungen:

	AE	BE
...or statt ...our:	color	colour
	favor	favour
	harbor	harbour
	honor	honour
	labor	labour
	neighbor	neighbour
auch im Wortinnern:	favorite	favourite
	colorful	colourful
...er statt ...re:	center	centre
	theater	theatre
	meter	metre
	(entsprechend für centimetre, kilometre, usw.)	
...ce statt ...se:	defense	defence
	license	licence (als Substantiv)
...ze statt ...se:	analyze	analyse
keine Verdopplung:	marvelous	marvellous
	he traveled	he travelled
	woolen	woollen
aber:	skillful	skilful
Entfallen stummer Buchstaben:	anemia	anaemia
	catalog	catalogue
	check	cheque
	dialog	dialogue
	program	programme
	prolog	prologue

[1] Siehe Fußnoten in den Abschnitten 1.1.2, 1.2.1, 1.3.3, 1.5.1, 2.1.2, 2.2.2, 3.1.3, 3.3, 7.1, 7.5.

9.2 Unterschiedliche Formenbildung

Bei einigen Verben kommen manche Formen typischerweise im AE vor, andere vorwiegend im BE:

AE	to dive	dove	dived
BE	to dive	dived	dived
AE	to get	got	gotten
BE	to get	got	got
AE	to smell	smelled	smelled
BE	to smell	smelt	smelt
AE	to spell	spelled	spelled
BE	to spell	spelt	spelt

9.3 Unterschiedliche Wortwahl

In manchen Fällen verwendet man im AE ein anderes Wort für die gleiche Sache, z.B.:

American English	British English	Deutsch
apartment	flat	Wohnung
cab	taxi	Taxi
to call	to phone	anrufen
can	tin	Dose
candy	sweets	Süßigkeiten
chips	crisps	Kartoffelchips
condominium	owner-occupied flat	Eigentumswohnung
cookies	biscuits	Kekse
diaper	nappy	Windel
downtown	city/town centre	Innenstadt
elevator	lift	Aufzug
fall	autumn	Herbst
French fries	chips	Pommes frites
gas	petrol	Benzin
line	queue	Warteschlange
lift	elevator	Aufzug
to mail	to post/send	abschicken
movie	film	Film
movie theater	cinema	Kino
purse	handbag	Handtasche
railroad	railway	Bahn
restroom/bathroom	toilet	Toilette
schedule	timetable	Fahrplan
second floor	first floor	das Stockwerk über dem Erdgeschoß
sidewalk	pavement	Gehweg

American English	British English	Deutsch
store	shop	Laden
faucet	tap	Wasserhahn
trash	litter/rubbish	Abfall
truck	lorry	Lastwagen
vacation	holiday	Urlaub
zipcode	post code	Postleitzahl

9.4 Unterschiedliche Bedeutung

In wenigen Fällen hat dasselbe Wort unterschiedliche Bedeutung, je nachdem, ob im AE oder BE verwendet.

American English	British English	Deutsch
pants	trousers	Hose
panties	pants, panties	(Damen-)Unterhose
subway	underground	U-Bahn
underpass	subway	Unterführung
bill	note	Banknote
check	bill	Rechnung (im Restaurant)
I am sick		ich bin krank
	I feel sick	mir ist schlecht
billion	1000 million	Milliarde
trillion	billion	Billion

Index

Hier finden Sie eine Liste grammatischer Begriffe mit Fundstellen in der Grammatik. Wir haben bewusst unterschiedliche Begriffe aufgenommen (deutsch, englisch und lateinisch), damit Sie möglichst schnell und ohne Umweg zum Ziel kommen.